SECUESTRADOS

Julio Scherer García

SECUESTRADOS

Grijalbo

Secuestrados

Primera edición para Estado Unidos: enero, 2010

D. R. © 2009, Julio Scherer García

D. R. © 2009, derechos de edición mundiales en lengua castellana:
Random House Mondadori, S. A. de C. V.
Av. Homero núm. 544, col. Chapultepec Morales,
Del. Miguel Hidalgo, C. P. 11570, México, D. F.

www.rhmx.com.mx

Comentarios sobre la edición y contenido de este libro a:
literaria@rhmx.com.mx

ISBN 978-030-739-315-9

Impreso en México / *Printed in Mexico*

Distributed by Random House Inc.

Índice

I

II

I

JULIO SCHERER IBARRA

—Papá, papá.

Desde la oscuridad me llegaba una voz muy dulce.

—¿Hijo?

—Tranquilo, papá.

Sobre el rostro sentí la mano temblorosa de Pedro.

—Tranquilo, papá.

—¿Qué pasa?

—Secuestraron a Julio. Hablé con él, segundos. Lo escuché jadeante.

Vi la tragedia, inmensa.

—Quieren hablar contigo.

Tomé el teléfono, trémulo.

—Diga, señor —articulé señor y me sentí blando, indefenso.

—Tenemos a su hijo y sabemos quién es usted, del *Proceso*. Si no nos entrega 300 mil pesos, al amanecer, lo matamos. Ya nos comunicaremos.

Transcurrían las nacientes horas de un día de julio de 1998. Era sábado, un tiempo horrendo, cerradísimos los bancos hasta el lunes. Pedro y yo contamos lo que teníamos: 4 mil pesos.

Sereno, me alertó:

—Habrá que reunir el dinero, cuanto antes.

Luego, en mi perplejidad:

—Tus amigos, papá.

Pensé en Vicente Leñero, Enrique Maza, una lista de personas en la raíz de mi vida.

Ese día sentí la ausencia de Susana como una calamidad que me desollaba, sin lágrimas en los ojos, húmeda el alma.

* * *

Fue luminoso y terrible el día en que aceptó la quimioterapia, última batalla contra el mal incurable. La escuché frente al doctor Fernando Platas:

"Voy a caer en el dolor de mi propio cuerpo y de mi propia cara. Perderé el cabello, lo sé, y no quiero imaginar las desdichas que habrán de atacarme hasta la deformación última. Está bien, doctor".

Tomada la decisión, sonreía y miraba no sé qué lejanía.

Ya apartados de la pesantez del consultorio y la bata blanca, Susana me propuso que nos alegráramos con una fiesta, absolutamente íntima, la que reúne a los padres con los hijos. Ella cocinaría y yo me ocuparía de los vinos. "Piensa, vendrán días buenos", me confortó.

Era la época de gran funcionario de Francisco Rojas. Nos reuníamos en la torre de Pemex y algunas veces exploramos su cava. Nos hacíamos conducir por quien sí sabía de licores y nos enterábamos de la paciencia del tiempo, la gloria del sol, el vientre enorme de la tierra propicia, la modesta sabiduría de los campesinos y el rigor de los catadores. Asistíamos, en suma, al milagro de la naturaleza y su renovación perpetua.

Le hablé al director de Pemex de nuestra fiesta, los motivos que la harían posible, y le pedí tres botellas de aquellas que habíamos visto, sangre púrpura de los dioses. El tono de su respuesta me llegó a través de su secretario particular. Se presentó en mi casa con seis botellas, por si algunas se hubieran echado a perder, y una nota conmovedora.

Esa madrugada del secuestro de Julio, le llamé en la impertinencia de las dos de la madrugada. "Tengo algún dinero, el efectivo que se guarda en casa", me dijo. Poco después se presentaba en la mía con 20 mil pesos. Seguirían horas en que se mantuvo sin palabras, de pie, la sonrisa apenas insinuada cuando advertía mis ojos que lo buscaban para darle las gracias. Entonces se acercaba: "¿Se le ofrece algo, don Julio?"

Juan Sánchez Navarro me envió algunos centenarios y el reloj de oro que sus hijos le habían regalado en el cincuentenario de su matrimonio con doña Tere. Siempre lo traía consigo y lo presumía como la pieza excepcional de que se trataba.

Nos reconocíamos en la amistad, pero yo no me adaptaba a su mundo: el golf, la champaña a la menor provocación, su rancho colonial de flores y colores, los invernaderos de rosas, una capilla inspirada en el arte, no en Dios, sus mexicanísimos óleos del siglo XVIII, la aristocracia internacional que se daba cita en ese portento de belleza perfecta, reyes y princesas bailando bajo el sol y las estrellas, su donjuanismo en lo alto de caballos purasangre, calado el sombrero charro hasta las cejas color cobre.

Fue ésa la razón por la que me fui apartando de personaje tan singular. Dejé de concurrir a las reuniones de los viernes que presidía en el Club de Industriales, encuentros que llamaban la atención por las celebridades que congregaba y las discusiones de alta tensión, que consumían horas irrepetibles.

Me dijo Juan, por teléfono:

"Vende el reloj, si de algo te sirve, o entrégalo. Es tuyo".

* * *

Sentí el abrazo fraterno de Castillo Peraza y observé el azoro en la cara de Carlos, su hijo mayor. Me llegó queda la voz de un hombre acostumbrado a la grandilocuencia:

"Te traigo todo lo que tengo: 10 mil pesos".

En nuestra relación de muchos años, sobrevivimos a una discusión iracunda. En los extremos, Castillo Peraza tenía al aborto como un asesinato vil y yo como una legítima liberación. Integrado su pensamiento al del papa Wojtyla, quien condenó el aborto en un juicio sin escapatoria posible, me llamó soberbio y yo le eché en cara la palabra fanático.

—No eres hombre de fe, pobre de ti. Te pierdes lo mejor de la vida.

—Mi fe está aquí, no en las nubes algodonosas.

—Te falta Dios.

—A mí me falta, pero a ti te estorba.

—No hables así.

—Hablo como se me hinchan.

Espíritu atormentado, se sabía vulnerable y vivía bajo el temor de Dios. Para entenderlo, había que buscar su cercanía. En los malos días, los que cuentan, pocos del PAN lo procuraron.

Durante un viaje a España, supe de su terror a la muerte. El capitán de la nave había advertido a los pasajeros

13

que entraríamos en una zona de turbulencia y a todos nos pedía serenidad. Noté que las sobrecargos se apresuraban a ocupar sus asientos, cerca de la cabina de mando, y miré de reojo a Carlos, terrosa la piel.

Al iniciarse el baile frenético y los ascensos y descensos enloquecidos del avión, Castillo Peraza empezó a temblar de arriba abajo, arrítmicos los movimientos descoyuntados de los pies y la cabeza. Sudaba hasta empaparse, los ojos cerrados y los labios apretados, todo él metido en su propio misterio. Como si fueran independientes del cuerpo, había enroscado las manos en el cinturón de seguridad.

Poco a poco volvió la normalidad al interior de la aeronave, el capitán reiteró que en adelante el viaje sería placentero y las sobrecargos regresaron a su tarea, sonrientes y bien maquilladas. Carlos, sin embargo, aún temblaba y en intervalos suspiraba dilatadamente.

Me dijo, la voz cansada:

—¿Podrías olvidar todo esto?

Debí decirle que sí, pero le dije:

—Yo creo que no, Carlos.

A su propia torpeza y a Calderón Hinojosa, "inescrupuloso, mezquino, desleal a principios y personas", atribuyó Castillo Peraza una de las decisiones drásticas de su vida: la renuncia al PAN. Ese día, 25 de febrero de 1998, le fue claro que había perdido la pertenencia a una institución que llegó a serle entrañable, que se iba y lo echaban de Acción Nacional. Conocería la orfandad, me decía. "¿Cómo, de qué manera vivir sin el impulso de saberse útil en el mundo de tu pasión, la política?" Habría de iniciarse en otra vida, la del columnista y escritor, como la primera y absorbente prioridad de su energía.

El tiempo y un trato cuidadoso entre Castillo Peraza y yo habían hecho posible una amistad irrenunciable entre nosotros. Recuerdo una pequeña historia que, supe siempre, en algún momento habría de contar:

A punto la publicación de uno de mis libros, me perdía en la búsqueda del título. Daba vueltas a palabras sin sentido y frases inocuas que no conectarían al lector con la obra. Recurrí a Vicente Leñero, quien me dijo, rápido:

—¿Y por qué no *Los de Salinas*?, que de ellos te ocupas.

En el restaurante de su predilección, Chateau de la Palma, hice partícipe a Castillo Peraza del hallazgo de Vicente.

—¿*Los de Salinas*, me dices? —y me vio con ojos de furia.

—Sí, *Los de Salinas*.

—Yo aparezco en tu libro y habrá lectores prendidos del título. En la insidiosa ambigüedad que encierra, quedarían enterados de que yo fui uno de "los Salinas", del clan. La frase me agrede.

Corrí al teléfono, localicé a Rogelio Carvajal, editor de Océano —impecable, generoso— y le pedí el cambio de título.

—El libro está en la imprenta. No hay tiempo.

—Te ruego, Rogelio.

—Está bien. Pero necesito el nuevo título ahora, por teléfono.

—*Salinas y su imperio*, solté.

Fue una expresión irreflexiva. La obra giraba en torno de Raúl Salinas de Gortari, mil veces millonario en complicidad con los altos poderes de la Nación. *Salinas y su imperio* era apenas el boceto de una obra grande. Ciertamente, cabía la depredación de los Salinas en mi pequeño volumen de poco más de cien páginas.

El título fue fallido y cargué con las consecuencias. Leí, en la pesadumbre, que había escrito un libro oportunista para ganar dinero y que era yo algo así como un mercader de la literatura política.

* * *

Castillo Peraza cuidó el porvenir político de Calderón Hinojosa y Calderón Hinojosa se desentendió de Castillo Peraza cuando éste más lo necesitaba. Se dio así una radical diferencia entre ambos. Las consecuencias tardarían en sobrevenir, pero finalmente llegaron, dramáticas: estalló una amistad que muchos tenían por definitiva.

Castillo Peraza me llevó a su propia biografía, de manera inexorable unida a Calderón Hinojosa:

El 5 de febrero de 1993, Acción Nacional viviría una jornada crucial para el propio partido y también para la República, según se sabría al paso del tiempo. Se trataba de la elección interna para suceder al presidente de la institución, Luis H. Álvarez.

Después de horas sudorosas, los consejeros del partido, privilegiados con el voto, habían llegado a una encrucijada. La lucha entre dos de los contendientes, Alfredo Ling Altamirano y Carlos Castillo Peraza, hacía imposible definir al vencedor. El número de adherentes para uno y otro eran insuficientes para levantar el brazo del ganador. Se llegaba así al último episodio de la ardorosa batalla: sendos discursos de los finalistas, o de sus representantes, sellarían una página histórica en los anales del partido.

Calderón Hinojosa se aproximó a Castillo Peraza y, baja la voz, le propuso hablar en su nombre. Campeón juvenil de oratoria, tenía confianza en sí mismo. Frente al rechazo de Castillo Peraza, insistió una y otra vez.

—No, Felipe.

Felipe buscó una explicación y la obtuvo:

Si Castillo Peraza hablaba por él mismo y salía airoso de la prueba, él sería el ganador, pero también Calderón Hinojosa. Amigos en el entramado de una relación intensa, maestro y discípulo ascenderían juntos a la cumbre panista. Pero si hablaba Calderón Hinojosa en nombre de Castillo Peraza y perdía, perderían los dos el inmenso futuro de sus sueños.

En buena medida pragmático —la *real politik* vigente—, fue vertiginoso el ascenso de Carlos en el PAN. Líder consolidado, renunció a la presidencia del partido en busca de la jefatura de gobierno del Distrito Federal. El prestigio que había alcanzado dio como resultado que muchos lo tuvieran como seguro ganador. Sin embargo, no respondió a las expectativas que había levantado. Desenfadado en su manera de vestir, la camisa abierta y los pantalones de mezclilla, un día se presentaba bien rasurado ante los electores y el otro no. Bohemio, cantador del Mayab, hacía pensar más en su natal Yucatán que en la ciudad de México. No fue suficiente la excelencia de su talento para imponerse a las calamidades que lo derrumbaban. Tampoco dieron fruto maduro los cambios de última hora en su campaña ni la seriedad de los actos públicos en los que participó. El PAN lo dio por perdido y fue retirándole el apoyo. Hubo voces que plantearon su remoción como candidato.

Vencido, conoció la antesala, calentando una silla y perdiéndose en la lectura de periódicos y revistas para apartarse de los desaires que lo acosaban. Calderón Hinojosa se mostró distante, frío como un grillete que corta. Castillo Peraza optó por su renuncia al partido. No hubo en ella melindres ni reclamos.

✳ ✳ ✳

Renunció al PAN, pero no renunció a sí mismo. Poco a poco se fue rehaciendo, personaje de otra manera en la vida pública. Sus colaboraciones en *Proceso* continuaron sin alteración posible, asistió a mesas redondas, pronunció conferencias, incursionó en *Vuelta*. Octavio Paz le dijo que dedicara su tiempo a la literatura, "noble señora que no traiciona a los escritores que le son fieles".

El ascenso de Castillo Peraza fue persistente y en Acción Nacional empezó a extrañársele. No había en el partido un intelectual de su altura. El paso de Calderón Hinojosa por la Escuela Libre de Derecho fue anodino y su maestría en la Universidad de Harvard tampoco dejó marca, estudiante mediocre en la carrera de Economía. Hombre de pocos libros, sus discursos y artículos carecían del tono superior que sólo da la cultura.

A la renuncia de Castillo Peraza, Calderón Hinojosa respondió, el 28 de abril de 1998, con un texto que publicó *La Nación*. Quedó escrito cinco días después:

"La elección de 1997 dejó lecciones para todos. En lo que a la dirigencia respecta, hemos aprendido la nuestra y estoy seguro que Carlos ha aprendido la suya. Lo medular es que vio completa y satisfecha su vocación y trayectoria política".

No habría expresiones en el lenguaje de Calderón Hinojosa más ajenas al credo y sangre de Castillo Peraza. Una vocación de esa naturaleza no se termina con un acto de la voluntad, un "cambio de tercio", para hablar de la fiesta de los toros que tanto le gusta a Calderón Hinojosa. Una vocación así se goza y sufre hasta la muerte.

También escribió el presidente del PAN que "al amigo, al compañero, al presidente, a ese gran mexicano seguramente la historia lo reivindicaría".

O sea, no privó en el ánimo de Calderón Hinojosa despedir a su mentor con honores. Más aún, estaría por verse el final de una biografía tan dramática.

En ese tiempo de mayo escuché a Castillo Peraza hablar de la pertenencia, razón para vivir. La pérdida de la casa, decía, nubla el alma y cierra el horizonte.

Ahora, en el trabajo de este libro, retengo una frase de Tomás Eloy Martínez de la que bien pudo apropiarse un panista fiel a su origen:

"Ya sólo soy yo".

* * *

Castillo Peraza murió en Alemania el 19 de noviembre de 2000. La noticia me llegó a través de Julio —entre ellos la amistad había trabajado a fondo—, informado del suceso por el licenciado Alfonso Durazo, secretario particular de Vicente Fox.

Después de los trámites para repatriar el cadáver, entré como un familiar en la sala de Gayosso donde se velaría a Castillo Peraza. Muchos, centenares, habrían de esperar a que se abriera la puerta, justo al arribo del féretro a la agencia funeraria. En el interior del recinto, semivacío, apenas crucé palabra con algunos jerarcas del panismo. El duelo se expresaba en los murmullos apenas audibles de los presentes.

Tuve la certeza de que una señora, íntegra de negro, acompañada de una viejecita también de negro total, era la viuda de Castillo Peraza, Julieta López Morales.

Me presenté. Me dijo:

—Sé quién es usted, don Julio.

Me conmovió su modestia, el ánimo recogido en sí misma.

En lo que ahora rememoro, días de tristeza por la ausencia de un amigo muy querido, recibí en la casa de Juan Antonio Pérez Simón, en Acapulco, una llamada insólita. Se trataba de Felipe Calderón Hinojosa.

Muy lejos el uno del otro, sin más comunicación que la circunstancial, me transmitió su preocupación en una frase reveladora. Qué pensaba Castillo Peraza de él, de Calderón Hinojosa.

Respondí con la verdad. Por un tiempo la reconciliación sería imposible. Castillo Peraza le había perdido la estima por el trato que había recibido de quien fue su secretario general en el edificio azul y por el abandono de los principios de Acción Nacional que había jurado cumplir.

"Me dijo, don Felipe, que acaso en un distante futuro podrían reiniciar una amistad que a ambos les hiciera bien."

* * *

Llegó mi secretaria, Elena Guerra, una fortaleza de fidelidad y de carácter. Sus lentes oscuros seguramente ocultaban los estragos causados por el secuestro de Julio. Podía adivinar su rostro alterado y la mirada húmeda por el llanto a solas.

Sólo una vez, en las jornadas que trabajamos juntos, supe de sus lágrimas. En aquella ocasión, que sé remota, la vi largamente y advertí que no podía más con la desdicha que la doblaba. Los ojos de su padre ya no verían los colores que alegran el mundo. En poco tiempo quedaría irremisiblemente ciego, reducida su visión a un gris uniforme.

Supe entonces que el señor Guerra amaba la música y que desde muy joven cargaba con la guitarra a donde fuera que fuese. La guitarra y la familia eran su vida. Hombre bueno, le bastaba la tranquilidad para pensarse feliz. De su padre había aprendido Elena Guerra la virtud que la poseía, una paz silenciosa, ese ánimo inalterable que llamamos serenidad.

—¿Por qué nunca me habló de su padre?

—Soy su secretaria. No soy quien para causarle problemas.

—Somos amigos.

—Por eso, don Julio.

Se presentó en mi casa con 10 mil pesos, dinero emergente de una secretaria ejecutiva que se preciaba de serlo.

Junto con Pedro se concentró de inmediato en la búsqueda de las personas que pudieran auxiliarnos. Ambos marcaban el pertinente número del teléfono y yo tomaba el auricular. En la espera, el corazón en vilo, contaba hasta veinte timbrazos antes de colgar el aparato. Entendía: la madrugada era para el sueño y también para la fiesta y las reuniones en una larga sobremesa.

Yo pasaba de un estado físico a otro, del calor que suda al frío que tiembla. En la zozobra veía mi muerte por mi propia mano, si Julio moría. Ni Susana en el recuerdo ni la luminosa presencia de mis otros hijos contaban en ese momento. Hoy no sabría si pensaba en Dios. En la lógica de los recuerdos, creo que no.

Hacia las dos y media entró en la casa José Luis Montoya, el chofer de Julio. Aún sangraba de la cabeza, víctima de un culatazo que le abrió el alma. No lloraba, pero había llorado al ver a Julio brutalmente golpeado y apuntadas a él, José Luis, dos pistolas de muerte. Entre improperios, había sido largado en el automóvil de mi hijo y traía consigo su celular con órdenes de hacérnoslo llegar. Sería el instrumento de comunicación entre los secuestradores y sus víctimas.

No pasarían ni diez minutos, y el celular se hizo escuchar en ese tono de neurótica urgencia que le es propio. Una voz aborrecible preguntaba por Pedro. La llamada inquiría por el dinero. ¿Cómo íbamos?, amenazaba. Y luego, el recordatorio: el amanecer, límite del tiempo y límite de la vida.

A esa primera llamada seguirían otras cada veinte, treinta minutos. Supe entonces de las dimensiones del odio e imaginé que sería capaz de matar.

—Ya tenemos más de 100 mil pesos y está el reloj de don Juan y los centenarios —me alentó mi secretaria.

—De nada sirven el reloj y los centenarios. Quieren dinero en efectivo. Ni dólares ni nada que se les parezca. Pesos, Elenita.

El amanecer y el dinero se cruzaban en una extravagante y siniestra ruleta rusa.

* * *

Hacia las cuatro hablé con Carlos Slim. No me detuvo la salud endeble de Sumi, el ángel de la familia, ni el esmero con que todos velaban por su descanso. A partir de un buen dominio sobre mí mismo y sin una palabra de más, le hablé de la angustia de mi cuerpo entero.

Se dice que los ojos y el alma nacen de una misma luz. Es cierto, pero sólo en parte. El alma entera se expresa sólo en las palabras y en el tono que las emite.

Escuché a Carlos:

—En este momento reúno todo lo que tengo en la caja fuerte. Además, Sumi y yo nos comunicaremos con algunos amigos por si algo más te hiciera falta. Lo siento, lo siente Sumi, ya sabes, te quiere mucho.

De Sumi conservo una imagen memorable:

Conversaba en casa de Juan Antonio Pérez Simón y ahí llegó una llamada de su amigo íntimo. Lo invitaba a una cena familiar a la que acudiría María Félix.

—Estoy con Julio.

—Que se venga contigo.

Carlos ocupó la silla a la izquierda de María y a mí me reservó el lado derecho. Las copas y las botellas ya estaban sobre la mesa de un comedor envuelto en una milagrosa penumbra. No sé qué tanto nos decíamos los comensales, pero en cada uno brillaba la expresión expectante de una fiesta que no tardaría en llegar. Yo miraba a María y me decía: si sólo tuviera los ojos que tiene, no necesitaría de todo lo demás para ser María.

De pronto, un grito único saludó la aparición de los mariachis, de un negro lujoso, y a todo volumen la canción de Agustín Lara "María Bonita".

Cantamos todos con la boca abierta a todo lo que daba. La excepción fue Sumi: apenas movía los labios y su mirada quién sabe a dónde la habría llevado. Cantaba para sí y para sus secretos. La vi muy bella y distinta.

—Cántate —le dije a María.

—¿Cómo que me cante?

Y empezó a cantar y la seguimos todos. Y volvió a cantar "María Bonita" y todos la acompañamos.

—Cántate en francés.

—¿En francés, con mariachis?

—"La vida en rosa", María.

Y cantó "La vida en rosa" con esa voz ronca que no le va a la melodía francesa.

Bebíamos porque había que beber, comíamos porque había que comer, pero ni los vinos ni las viandas hacían falta en una mesa de júbilo estruendoso.

Empecé a jugar con María, porque nuestra relación daba para eso. Así, tiraba la servilleta al suelo y hacía demorada búsqueda sobre la alfombra.

—¿Qué te pasa? —me dijo María, sonriente, encantada con todos, encantada con ella misma, encantada de vivir.

—Tiro la servilleta para mirarte las piernas.

Escuché su risa, fuerte como su voz, y observé una vez más esos ojos que fulguran a una distancia mínima, y en una corta lejanía abruman por sus muchas incógnitas.

A Sumi la tenía enfrente. Seguía a los mariachis en todas sus canciones, la letra de los cantos sabida por ella misma como si hubiera estudiado a Los Panchos y a los mejores conjuntos. Así se tratara de "Sin ti" o de "Usted", en cada nota era ella misma. La miraba y ella no miraba. Ella estaba en su propio cielo.

✳ ✳ ✳

Llegó el enviado de Carlos Slim y me entregó una pequeña caja de plástico.

—¿Cuánto es? —lo asaltó Elena Guerra.

—No sé. El señor me entregó esto y me ordenó que me quedara para ayudarlos en lo que hiciera falta.

Sin mayor explicación lo acompañé por su coche, estacionado en la explanada del condominio horizontal que habitaba en Contreras. Deseaba, sobre todo, atreverme con el cielo, escudriñarlo. Observé que cedía la negrura de la noche cerrada. El amanecer se aproximaba, inexorable.

Regresé a la biblioteca al tiempo que sonaba el celular. Escuché a Pedro, seco:

—Le digo que sí, que ya tenemos el dinero.

Junto con Elena Guerra había contado los pesos, los dólares, centenarios y aztecas que Carlos Slim nos había hecho llegar. El precio del rescate había sido cubierto por todos.

A costa de la vida de Julio, yo estaba advertido por los malhechores de que sólo hablarían con Pedro. Ineludible, temía por el quinto de mis hijos y el penúltimo en la escala del uno al nueve. Me sabía desplazado, inútil, y vi claro que la impotencia quiebra el carácter y lesiona a la persona. Sin culpa, me sabía pequeño y la náusea me invadía.

El sadismo es el mal, había aprendido en los libros. Ahora lo padecía en mí mismo. Los secuestradores gobernaban el juego del poder, absoluto en su circunstancia. "Me escuchas cuando te lo ordene y te callas cuando me dé la gana. Eres nada."

Elena había acomodado los billetes en una bolsa de cartón color naranja. Nada quedaba por hacer.

Hacia las seis, otra vez el inapelable celular. El secuestrador le preguntó a Pedro la marca y el color del coche en el que viajaría al encuentro definitivo. "Un Tsuru blanco", respondió. También quiso saber el plagiario los números de la placa y si el dinero lo llevaría en una bolsa o algún maletín. "Lo llevo en una bolsa color naranja, de cartón." "La pones bajo el asiento del pasajero." Pedro ya no respondió.

El tiempo que siguió lo cuenta Pedro, sucinto:

"A través del celular el sujeto me iría indicando la ruta que habría de seguir hasta nuestro encuentro. Me llamaba cada tres minutos y me iba conduciendo como si llevara el volante. Tomé el Periférico y luego San Antonio, rumbo a Observatorio. Después me adentré en calles para mí desconocidas. Eran estrechas. Ya había tráfico y claridad en el cielo. El lugar era polvoso, pobre.

"En algún momento la voz, horrenda, me indicó que mirara por el retrovisor un taxi ecológico. Me previno: 'Son ellos'. Después me orientó hacia una calle de dos carriles. El taxi no me siguió, pero yo sabía que estaba por ahí. Recibo una indicación más: el sitio preciso en que deberé estacionar el Tsuru. Pero habría otras reglas por cumplir: los seguros del coche deberían permanecer abiertos y yo cerraría los ojos y mantendría la cabeza sobre las piernas. Me observarían y advirtieron: 'Y no se te ocurra moverte'.

"Pasa el tiempo y de pronto siento una mano sobre mi cabeza. No es agresiva. La voz de siempre, sólo que ahora, directamente, me vuelve a decir que no abra los ojos y permanezca quieto. Inquiere por el dinero. Le digo que lo traigo y está donde él me indicó. Me doy cuenta de que ya tiene la bolsa consigo y le pregunto por mi hermano. No me contesta. Está contando.

"Después de un tiempo ciego, al fin me dice que volverá con mi hermano, que aguarde, pero que una vez con él permanezca inmóvil cinco minutos. Me solivianta saber que lo arrojaron al interior del vehículo como un bulto del que más valía deshacerse. Con mi hermano al lado, le pregunté '¿cómo estás?', y me dijo, la respiración lenta: 'Bien'.

"Sin abrir los ojos y a una máxima tensión, le tomo la mano. No resisto ni un minuto de los cinco preventivos que me fueron exigidos. Ya con mi hermano me siento distinto, dueño de mi cuerpo, que es tanto como decir de mis decisiones, y me apresto a lo que sea, instintivamente confiado. Observo a mi hermano, afilado, lívido. Busco, en el miedo, huellas de sangre. No las encuentro.

"Me urge estar lejos, salir de ahí, borrar ese lugar sucio, de aire enfermo, y arranco a una velocidad límite hasta desembocar en una avenida. Le hablo a mi papá, lo conforto. Le digo por dónde ando más o menos y me dice que lleve a Julio al Hospital Inglés, cercano. Él saldrá de inmediato para allá con José Luis, cuya herida nos preocupa. Julio rechaza el hospital. 'Quiero estar con todos', insiste sin fuerza.

"Detengo un taxi y lo sigo a toda prisa hasta el hospital. Sin pérdida de tiempo lo reciben en urgencias. Mi papá llegaría unos minutos después. Nos diría:

'Lo vi acostado boca abajo y me dolió su espalda, un brochazo morado, casi negro. La espalda me pareció hinchada, con puntos rojizos y líneas quebradas, también rojizas'.

"A José Luis, los secuestradores estuvieron a punto de convertirlo en un ser inútil. Su cerebro había quedado intacto."

Faltaba el relato de Julio. "De principio a fin", nos diría en una reunión familiar, la sonrisa ancha y el humor sombrío. Empezó:

"Esa noche, David Gómez, mi compañero de trabajo y amigo cercano, irrumpió sorpresivamente en mi oficina. Su padre había sido detenido y se encontraba en la Procuraduría del Distrito Federal, en Coyoacán. De inmediato fuimos para allá.

"Mientras el señor Gómez rendía su declaración ante el ministerio público por supuesto robo de vehículo, a sus hijos los ensombrecía el temor. Los cargos se desvanecieron y abandonamos el edificio con un espíritu contrariado. Había sido evidente el propósito de la extorsión en el turbio asunto, pero, en fin, todo había quedado resuelto. José Luis y yo, sin tarea pendiente, nos encaminamos a nuestro coche.

"Tomamos la avenida Insurgentes Sur hasta el entronque de Río Magdalena con Luis Cabrera; en San Jerónimo dimos vuelta a la izquierda hasta llegar a la avenida San Francisco, próximos a mi casa. Cerca de un tope y de las nostálgicas vías de un ferrocarril que sobreviven al tiempo, un automóvil rojo, Stratus, nos cerró el paso. Vi el reloj, a punto la una.

"Asombrosos en su agilidad, seis individuos descendieron de su vehículo. Armados, nos exigieron que saliéramos del nuestro para 'una revisión'. Nos apuntaban al rostro con sus pistolas, de las que hacían alarde. Bajé del carro con los brazos en alto, igual que José Luis. En un lenguaje soez, agudos y roncos los gritos, selváticos, me ordenaron que subiera a mi automóvil, ahora a la parte trasera. De reojo observé a José Luis, lanzado al asiento delantero. Entre alaridos e incoherencias se abrían paso palabras inadmisibles. 'Mátalo, porque ya no nos sirve para nada.' Escuché dos detonaciones y descendí al terror.

"Ya en el interior de mi carro, dedos viles me envolvieron la cara con un trapo sucio. Luego, los mismos dedos empezaron a hurgar en mi ropa y me despojaron del reloj, una cadena con una cruz que siempre había llevado conmigo, la cartera. Un sujeto me preguntó mi nombre. 'Julio Scherer.' Su compañero, instalado en el asiento delantero, al parecer el jefe, preguntó: '¿Del *Pro-*

ceso? No, por supuesto no eres tú. ¿Es tu papá, verdad?' Y enseguida: 'Dame el número de su teléfono. Quiero que le digas que todo está bien'.

"Escuché a mi papá increíblemente próximo e infinitamente lejano. 'Hijo, ¿estás bien?' ¿Qué podría decirme y qué podría responderle?: 'Sí, pa'.

"Uno de los secuestradores enciende la radio del coche y nos impone boleros y canciones rancheras a un volumen escandaloso. La locura llega por todos lados. A la música se han unido las estridencias de los maleantes.

"Sin explicación alguna, el jefe ordena que el auto sea puesto en movimiento. En el mundo inaudito que me cerca, temo que rodará sin fin y sin destino. Sorpresivamente, el vehículo detiene su marcha. La voz de mando, que llega siempre desde el asiento delantero, ha ordenado a su conductor: 'Párate'. Luego suelta las palabras del crimen: 'Tu vida depende de que éste no salga de aquí'.

"El miserable que llevo al lado me amaga de nuevo con su pistola. 'Qué curioso que tengas familia', expresa. Luego me dice que le gusta mucho mi cinturón y hace intentos para jalarlo y quitármelo. Veo sus ojos lascivos, sus labios salivosos. Me sé indefenso y mi angustia crece, hay vejámenes que no podría resistir. Veo la muerte, la muerte se ve, la he ido viendo en este tiempo, la veo porque la quiero para mí. De nuevo la pistola recorre mi cara y llego a sentirla en los pómulos. Transcurre un tiempo sin horas ni minutos.

"Ahora se trata de un violento abrir y cerrar de las portezuelas del carro. En un respiro pude estirar las piernas entumecidas. Anhelo un descanso, pero no hay manera de tenerlo. Sin idea del sitio en que me encuentro, me devuelven a la calle. Tratado como un reo, me encaminan a la parte trasera del Stratus. Veo la cajuela abierta, la cueva que me espera.

"Cerrada la cajuela con un estrépito carcelario, siento mi cadena con la cruz: había quedado entre los pliegues de mi ropa, y la acaricio. La cadena y su cruz me alegran y asustan. Temo que los miserables pudieran pensar que se las quité para evitar que me la robaran y, así, desatar sobre mí más golpes y nuevas ofensas. Volví a los ojos y a los labios del homosexual. Imaginé, sin embargo, que permanecería en la cueva por mucho tiempo y guardé el pequeño tesoro en la bolsa del pantalón como prueba de que no había dejado de ser quien soy.

"El automóvil reinicia la marcha. Procuro acomodarme como sea, nomás un ovillo, pero no acierto con la postura adecuada para reconocerme en un reposo mínimo. Los saltos y enfrenones del Stratus provocan golpes que no puedo evitar.

"Transcurre un tiempo ausente, como si la vida se me hubiera escapado sin saber de qué manera se había consumado semejante despojo. Súbitamente, se ha detenido el vehículo. Yo he perdido el sosiego y no me atrevo a pensar lo peor, tampoco lo mejor. Escucho, pegado a la cajuela, una voz que ya me es familiar. 'Te vamos a sacar, pero si haces cualquier movimiento, juro que te mueres.'

"En segundos, un par de sujetos me levantan en vilo y me asientan en el pavimento. No hay empellones, maltrato alguno. Me informan: iré a otro carro.

"La distancia entre un automóvil y otro es breve. Camino apenas y como un costal soy echado al carro que me fue asignado. Incrédulo, escucho la voz de Pedro. 'Julio', me dice, y busca mis manos con sus manos. Habla con mi papá, quien le pide que vaya a un hospital. Yo quiero ir a la casa. Insisto, sin fuerza.

"En el hospital me acuestan en una camilla, boca abajo, sin ropa y con una sábana que me cubre la espalda. Llega mi papá y me dice, quedo: 'Ya nos vamos a ir'."

JULIO SCHERER GARCÍA

El domingo 20 de julio de 1980 viajé a El Salvador para entrevistar a Salvador Cayetano Carpio, el líder clandestino del Frente Farabundo Martí, en esos días victorioso en las elecciones presidenciales de la pequeña República. Los responsables de un encuentro en el que no cabrían los incidentes se hacían señales misteriosas, cambiaban de un vehículo a otro, a mí me encapucharon y exigieron silencio hasta llevarme con el personaje.

Pero ésta es otra historia. La que ahora reproduzco tiene que ver con la maldición del secuestro.

El sábado 26 decidí regresar a México, pero no había sitio en los vuelos de El Salvador a México ni a Guatemala. Viajé entonces a Guatemala por carretera.

En el pueblo fronterizo de San Cristóbal, del lado guatemalteco, fui detenido ese mismo día, a las cuatro de la tarde.

—La visa —reclamó un agente.

—Ustedes tienen mi pasaporte —me lo habían recogido al detenerme—. Sin el pasaporte no puedo gestionarla.

—Pero usted no la trae.

—El pasaporte lo tienen ustedes.

—¡Enséñeme el documento!

Desconocía que transportaba "propaganda subversiva" de El Salvador, unos folletos viejos, sin actualidad. Un funcionario me llamó "hijoeputa" y me exigió paciencia, que ya me arreglarían las cuentas.

Principió el forcejeo. Los guatemaltecos me reclamaban como indocumentado y sospechoso, los salvadoreños exigían mi entrega bajo el cargo de "subversión internacional". En el estira y afloja, las horas perdieron su continuidad. No tuve más noción del tiempo que las sombras alargadas que anunciaban el atardecer. De vez en cuando llegaba hasta a mí la voz de un sádico:

—Lo van a quebrar.

En un instante se desencadenaron los acontecimientos. Cubiertos los ojos con un pañuelo atado a la nuca, y el rostro con un sombrero pestilente, viajaba sobre el piso de un automóvil que avanzaba por un camino de terracería.

No mediaron explicaciones. Sólo la arbitrariedad y las armas de mis captores, dos civiles que daban órdenes y un militar con insignias. A éste lo había mirado con su ametralladora sobre las piernas, acariciada el arma como una muñeca.

—¿A dónde vamos? —pregunté.

—A hacer un mandadito —contestó el del volante.

—¿Lejos?

—Aquí nomás

—¿A El Salvador?

—Cerquitas. Atrás del monte.

Quise ordenar las ideas. Inútil. Quise apelar a mi fortaleza. Inútil. Quise indignarme, tramar algo. Inútil. Quise empequeñecerme, yo qué importaba, después de todo. Inútil. Quise relacionarme con los seres amados, hablarles. Inútil. En el fondo de la cueva nada sería posible a partir de mí mismo. Comprendí —¿sentí?— el significado del cautiverio.

Mi guardián, el soldado, acomodaba y volvía a acomodar el sombrero sobre mi cara, temeroso de que encontrara la rendija que me permitiera contemplar el mundo. Cuando me llamaba al orden, acompañaba sus palabras con una patada donde cayera:

—No espíe, cabrón.

En la soledad y la impotencia, el temor y la angustia se acallan y anulan. Tumbado, vivía para la velocidad del carro, el único futuro que me importaba.

Me sorprendió hasta el sobresalto que el auto disminuyera la marcha. Cuando se detuvo finalmente en lo alto de una loma, me sentí vacío. Habría querido seguir hecho un ovillo en el fondo de la cueva.

Las adiestradas manos del soldado me desataron el pañuelo. Nadie hablaba. No podría haber augurio peor. Creí que el miedo me paralizaría, así que me sorprendió verme de pie bajo unos árboles chaparros de ramas casi horizontales. Vigilé las piernas, que me sostenían. Pensé que había salido del automóvil con naturalidad. Tuve una satisfacción, pueril.

Veía militares en cada hondonada, sobre cada planicie. Francos, parecían inofensivos. Recuperé interés por el espectáculo exterior. Pero fue amargo. Me pensé ajeno a mí mismo, protagonista de una vida que no me pertenecía. Me sentí imbécil. Supe que si hubiera estado solo, sin testigos ni denuncias posibles, habría llorado.

Una escolta se encaminó hasta el sitio donde me encontraba. Sin mediar palabra me condujo a un cobertizo de nave estrecha. El oficial señaló la última litera de una fila de diez, junto a los excusados.

Al fin habló:

—Lo voy a esposar. Tiéndase.

No confundo la humillación con la impotencia. La rebeldía duró el tiempo del relámpago. La afrenta persistía.

Quedé unido a un barrote, la muñeca del brazo derecho fija al tubo niquelado del camastro. Era diminuta la llave que cerró el doble candado. Supuse que el carcelero podría extraviarla.

Siguió el torbellino, el patológico humor del teniente Chicho, que me paseaba la pistola por el rostro, el cañón a unos centímetros de los ojos o haciendo presión contra el mentón o en medio de las cejas.

—Te voy a hacer mierda, comunista hijoeputa.

Su bigotillo poco poblado le daba cierta comicidad, la de una ingenua pretensión frustrada en sí misma, pero, oculto tras unos anteojos negros, el cristal izquierdo rajado, era siniestro.

—¿Sabes lo que es el pírrico? Contesta o aquí terminas.

—¿El pírrico?

—Es un canto. Es el canto de los soldados cuando marchan. Es el canto de los días especiales. Te voy a hacer el pírrico, cabrón, cuando te lleve a la papelera a pudrirte.

Se iba el teniente Chicho y aparecía el teniente Pancho, un segundo guardián. Tranquilo, quería conversar. Enfrentado a mi silencio, parecía enfurecerse:

—¿Has oído del estanque? Contesta, mierda.

—No sé de qué me habla.

—No has oído, ¿verdad? Pues ya oirás. Allá te voy a echar. Será lo último. Antes vas a pagar, mierda.

El brazo derecho en ángulo recto exigía una posición rígida. Desgobernado, gobernaba el cuerpo. El cansancio me punzaba, no la inmovilidad.

En la penumbra del cobertizo miraba el techo, los lóckers sin dueños visibles, las camas vacías. Al parecer no había más inquilinos que los tenientes y yo.

Buscaba combatir el sopor, el hastío que detiene el tiempo. No hay peor desperdicio que el aburrimiento. Quería pensar, convocar ideas. Pero la mente seguía despoblada.

—Ronca, cabrón —gritaba a veces el teniente Chicho—. Que ronques, cabrón.

Era un trato amable en su patología necrófila, una forma de comunicación.

Aventuré la pregunta:

—¿Estamos en El Salvador, teniente?

—¿Eres pendejo?

—Le pregunto, teniente.

—Estamos en Guatemala, hijoeputa.

Una sombra; después un hombre entró como exhalación en el cobertizo. Llegó hasta mi lecho, seguramente extrañado por el intruso, y me arrojó a la cara una vaharada pestilente a alcohol y bilis.

—Estoy bolo, cabrón. Mira tú —y se señala un verdugón impresionante a la altura del ojo izquierdo, ancho como dos dedos—. ¿Vistes?

Abrió un lócker, se quitó el uniforme y en un santiamén se vistió de civil. De espaldas se interrogaba y se respondía, ebrio y obsceno. Listo para salir de nuevo, volvió hacia mí un rostro horrible. Se había ocultado con una máscara guerrillera.

Salió como había entrado, una ráfaga.

Alguien prendió la luz. Era el teniente Pancho.

—Es jodido dormir con esposas.

Se rio casi silencioso.

—Más jodido dormir con esposa.

Pensé que hablaba solo, pero se aproximaba a mi camastro.

—Te las voy a quitar.

—¿Por qué?

—Vas a tener visita.

—¿Quién?

—El comandante.

Quise averiguar acerca de él. Ajeno al periodismo, no pregunté su nombre. Buscaba los valores y las lacras intangibles. Abismos de la personalidad, cualidades humanas. En el fondo, sólo me interesaba su clasificación, reducida a los términos del cuartel:

—Dígame, teniente: ¿es hijoeputa o no lo es?

—No es hijoeputa.

Me impuso su estampa, no de soldado, sino de gladiador. En su baja estatura relucía una piel negra y unos ojos más negros aún. Rasgados, un puro brillo, se cerraban a la búsqueda. La voz, lenta, articulaba con perfección.

Me dispuse al interrogatorio, él en su camastro, yo en el "mío".

—El Servicio de Inteligencia lo está investigando. Cuénteme de usted.

Un interlocutor forzado obliga a una conversación oblicua. Esperaba preguntas concretas, incriminaciones desembozadas, acusaciones, amenazas. Pero el diálogo seguía otro derrotero. La plática era aparente y el silencio real.

Me habló de sus días en París, cuando Francia conoció la locura. De Gaulle y el general Salan se increpaban a causa de los "pies negros", y la Nación se partía en dos.

—Yo estuve preso. Me confundieron con los argelinos, negro como soy. Era muy joven y era karateca, cinta negra. Me enfrenté a los viejos soldados profesio-

nales. Eran mayores que yo, por lo menos veinte años.
También más altos. Pude haberles regalado la vida, pero
no habría podido comprarles el medio metro de estatura
que me faltaba.

Solos de nuevo, busqué al teniente con los ojos.

—Va a salir.

—¿Por qué?

—Joder, va a salir. Tiéndase.

—¿Me va a esposar?

—Joder.

La mañana, el sol alto, eran un mundo recién hecho.
Permanecía rígido en el camastro, pero me habían ofreci-
do café, frijoles con pan, un tamal.

—Ronca, cabrón —se divertía el teniente Chicho,
dominguero.

Me pidió la grabadora, visible sobre la maleta en
desorden.

—Para bailar con la patoja, ¿no?

La fiesta estaba muy adentro, quién sabe dónde, tan
escondida y tan grande que no podía describirla. Que se
llevara todo.

Me anunció que estaba libre. Me quitó las esposas y
me comunicó que debía entrevistarme con el comandante.

En unas horas principia la atrofia del cuerpo y en unos
segundos sana. Antes de abandonar el cobertizo, quise
pasarme los dedos de la mano derecha por el cabello. Una

punzada detuvo el brazo en movimiento. Lo dejé colgado, inerte, vivo el dolor en la clavícula, ampliándose. No hice caso y repetí el intento. La mano llegó con facilidad a la cabeza y luego al cuello.

—¿Todo bien? —me preguntó.

—Todo, comandante.

—Usted es un periodista internacional.

—¿Y si no lo hubiera sido?

—No lo cuenta.

Indagué por el momento extremo.

—Fue en la frontera con El Salvador. Si lo entregamos, hubiera caído en manos de la policía y usted ni se imagina lo que eso significa.

—¿Tortura, comandante?

—A lo mejor. O más sencillo: dos tiros en la carretera, desnudo, desfigurado, sin huellas ni identificación posible. Nadie, jamás, habría sabido de usted.

JOSÉ DE LIMA

Ese mismo año, ya en los finales, a José de Lima se lo tragó el secuestro. La imagen viene a cuento: desapareció como un solitario en el mar. Su esposa, Odette, y sus ocho hijos se armaron de valor. Susana me exigía, tenaz como era: "Tienes que hacer algo".

José de Lima nació excepcionalmente dotado. Generoso, sabía decir y sabía escuchar; solidario, hacía suyos los dolores ajenos; Mozart lo estremecía y cantaba con los mariachis; bailarín de todos los ritmos, terminaba como centro de atracción en las fiestas sin tiempo ni fatiga; funcionario de la Nestlé, no había quien pudiera alcanzarlo como vendedor de la transnacional suiza en Centroamérica. Sin freno en el amor que dio y recibió, murió como no podía imaginar que moriría: su vida rota en pedazos.

El 8 de julio de 1976, día del golpe a *Excélsior*, llamó a la casa desde Guatemala. Habló con Susana, habló conmigo y nos dijo que mes a mes nos haría llegar mil dólares.

—Sé que no tiene ahorro —me dijo, de usted, que así nos tratábamos.

Después de un tiempo breve, los dos matrimonios festejamos el inicio de una vida cualitativamente distinta. Los cuatro éramos cuatro, tres, dos, uno. Había recuperado el trabajo. *Proceso* empezaba.

Pasaron los años y sobrevino el secuestro de José de Lima. No podía caernos desdicha mayor. Resuelto a hacer lo que estuviera en mi mano, pedí audiencia en Los Pinos. Dos días después de la solicitud, me recibió el presidente José López Portillo. Me escuchó con esa atención entre dispersa y concentrada que bien le conocía.

Le llegó al alma el plagio, del que aún no tenía noticia. Él y José de Lima se frecuentaron en los años de la infancia y aun de la juventud. Fuertes y flexibles, orgullosos de sí mismos, jugaban en una selva sólo conocida por ellos y enfrentaban a leones, tigres, víboras. López Portillo diría que yo los miraba con amargura, fuente, quizá, de rencores que no había sabido dominar. Creo que se equivocaba. Los miraba con admiración.

—Haré lo que pueda, Julio —me despidió ese hombre de mirada normalmente levantada y, en sus últimos años, arrastrada por el suelo.

José de Lima permanecería cincuenta días en una casa de seguridad, caja de zapatos, como él la llamaba.

* * *

Un día de este 2009, me llamó por teléfono el licenciado Gustavo Carvajal. Nos habíamos conocido de tiempo atrás, él, diputado, presidente del PRI, secretario particular del presidente José López Portillo, funcionario de la Conferencia Permanente de Partidos Políticos de América Latina y el Caribe (Coppal), y yo, persona de un solo oficio: el periodismo.

Carvajal escribía un libro sobre secuestros y el de José de Lima tendría un lugar en su trabajo. Me pidió datos.

Sabría entonces, sorprendido, de las estrechas relaciones que Gustavo Carvajal mantenía con el submundo oscuro de la guerrilla centroamericana.

Hombre de gobierno, nada menos que secretario particular del Presidente de la República, le pregunté cómo podía darse una relación fluida con los guerrilleros.

—El gobierno no los perseguía y llegó a protegerlos. Se dio el caso de hombres en la clandestinidad hospitalizados en el Seguro Social, y en ocasiones algunos de nuestros consulados expidieron pasaportes falsos a perseguidos políticos a punto de ser capturados por el Ejército guatemalteco. Además, grupos guerrilleros que se habían internado en Chiapas y, aquí, salvado la vida.

En otra perspectiva, Fidel Castro había empeñado su palabra de que no habría subversión en nuestro país y así había sido, tranquila la República.

—En el tiempo que corre, ¿actúa la Coppal en México?

—El gobierno panista nos mira con desconfianza. Yo soy priísta y lo seré siempre. Hoy se sabe con certeza que en la lucha contra la inseguridad existen cotos de poder y nosotros estorbaríamos a esas ínsulas.

—¿A qué atribuye la existencia de estos cotos?

—Pesan brutalmente los intereses creados y una corrupción que, aun conociéndola, no deja de asombrarnos.

—En sus relaciones con la guerrilla, ¿recibía usted instrucciones del presidente López Portillo?

—El Presidente estaba informado y nunca tuvo tratos con los guerrilleros.

—En la forzada ambigüedad que usted plantea, ¿no quedaba implícita la presencia de López Portillo en tan complicada política?

—Ni siquiera el secretario particular del Presidente tenía trato con la guerrilla. La relación era con la Coppal, un organismo internacional.

—Me parece que usted plantea un sofisma: no puede haber dos, tres, funciones independientes entre sí tratándose de una sola persona.

—Era una realidad impuesta por la política.

—¿Cómo explicaría usted esa política?

—El Presidente estaba decidido a conservar el país como un territorio para los perseguidos políticos, sin excepción para los que vieran aquí un espacio de salvación. En el ánimo del licenciado López Portillo, el imperativo fue absoluto. Había conciencia, las inmensas regiones de América Latina entonces en manos genocidas, como Pinochet, y sádicas, como Leónidas Trujillo. En esta perspectiva, Fidel Castro jugaría un papel trascendente. Dijo que México quedaría libre de la subversión y cumplió su palabra. Así se explica que López Portillo hubiera dicho, en 1980, durante una visita a la isla, que "nada soportaremos que se le haga a Cuba porque sentiríamos que se nos hace a nosotros mismos". Entre ellos, su compromiso fue radical.

* * *

Inquiero por José de Lima.

—Los secuestradores se fueron muy alto: 20 millones de dólares por la libertad del señor José de Lima. Impensable considerar una suma de semejante tamaño.

—¿Qué hizo usted, licenciado?

—Recurrí a un hombre excepcional que pudiera establecer un rápido contacto con la guerrilla: Luis Cardoza y Aragón.

"Don Luis averiguaría cuál de las cinco guerrillas que se habían extendido por Guatemala tenía al señor De Lima en su poder. Obtuvo el dato. Negociaríamos con Rolando Morán, comandante del grupo. Discutiríamos con sus representantes. No hablaríamos con él directamente.

"Fue áspero el principio de las conversaciones. Los guerrilleros querían los 20 millones de dólares, ni un billete menos. Sabían que por salvar a José de Lima, alto funcionario de la Nestlé, la transnacional empeñaría su prestigio. Ante la resistencia de los guerrilleros para entregarlo al costo que exigían, hice valer el peso incontrovertible del Presidente de México. El jefe de la Nación había planteado una operación sin un dólar de rescate.

"Quedaba por darle forma al operativo. Si los guerrilleros sorprendían al señor De Lima en el intento de fuga, ahí caería. Y no sólo él.

"Los guerrilleros habían llevado a su rehén a lo alto de una montaña para proteger su vida y asegurarse el dinero. De la montaña habría que descender hasta una casa en la ciudad de Guatemala que no despertara sospecha alguna. En los ojos que miran y se saben mirados suele encontrarse el incierto temor de una delación. Vivíamos en la zozobra.

"En el diseño de la estrategia participaba el general Rafael Macedo, embajador de México en Guatemala y padre del procurador de la República en la época de Vicente Fox. También opinaban el mayor del Ejército Mario del Valle y Rafael Rodríguez Barrera, miembro del PRI y funcionario de la Coppal, como yo.

"El general decidió que iría solo por José de Lima y rechazó terminante la ostentosa limusina con placas oficiales de la embajada. Subrayó que la diplomacia mexicana quedaría al margen de un problema grave, en el supuesto de un fracaso durante el riesgoso operativo.

"—Que lo acompañe un hombre de su escolta, embajador —sugirió alguien.

"—Dije que voy solo.

"—Su chofer.

"Ya caída la tarde, a José de Lima se le ocultó en una casa de la clase media. Entre hombres de confianza, el embajador dispuso que se le "desapareciera" cuanto antes en la cajuela de su vehículo.

"Al día siguiente, a baja velocidad, el general Macedo llegó a la sede de la representación diplomática que presidía y horas después, en la limusina negra con la bandera tricolor en la parte delantera del automóvil, fue directo al aeropuerto. José de Lima viajaría en un avión de la Fuerza Aérea Mexicana, protegido hasta el final."

El primer día libre, José de Lima lo dedicó al descanso con su familia; el segundo, visitó al presidente López Portillo en la simple condición de viejos amigos; el tercero, Odette y Pepe, Susana y yo, acompañados de cuatro de nuestras hijas —dos y dos—, festejaríamos el acontecimiento. Era sábado y sólo encontramos una mesa larga en el Mauna Loa, de sofisticadas bailarinas hawaianas.

Pepe nos contaría de su cautiverio; un velorio sin cadáver, llegó a decirnos.

Insólito nos pareció que los plagiarios le hubieran preguntado si necesitaba alguna medicina y él les hubiera pedido una pasta especial para los dientes.

—Qué vanidad —le dije.

—No hable de lo que no sabe —me respondió, serio...—. Mi dentadura es postiza y si no le ajusto la pasta, dientes y muelas caerían completos. Así, de golpe, pude imaginarme convertido en un pobre sujeto obligado a las gelatinas y a los líquidos. Pienso en mi rostro, de mejillas hundidas, tan propias de ancianas y ancianos que acaban por igualarse en la decrepitud.

—¿Cumplieron con los medicamentos?

—No sólo con la pasta. También con algunas medicinas y aspirinas.

—¿Y los días?

—Yo me tenía presente, pero en un vacío desolador. Escuchaba mi respiración, el ritmo del corazón. Resuelto a vivir, apelaba a la muerte.

"Me veo en ustedes —seguía— y de ustedes me apartaron. No sabía del tiempo del secuestro, si serían muchos los días o si la muerte se cruzaría con la vida. Me aseguraban los secuestradores que no me iban a matar. No podía creerles. Su palabra era la palabra de los facinerosos."

Yo había retenido muchos pormenores de su relato y le fui diciendo que los guerrilleros le habían proporcionado las medicinas que necesitaba, que en momento alguno le habían negado la comida que su organismo requería, que no le habían caído a golpes y se habían abstenido de hablar con su familia en el lenguaje del terror. Le decía también que a los sátrapas se debían cementerios extensos, como países y millones estrangulados por la miseria, que les negaba la vida, que vivir es ser y saberse, amar y crear. Los nombres de Batista, Stroessner, Somoza, Leónidas Trujillo, Videla, Pinochet, me salían de las entrañas.

Nuestro lenguaje subía de tono y Pepe volvió a la carga. No aceptaría que yo pasara por alto sus días en un cuartucho desnudo, sin manera de reposar en un camastro más pequeño que su propio cuerpo, de más de uno ochenta, persistentes la penumbra y el aire viciado que acababa por volverse tóxico, sin un libro, una canción remota, una mirada al exterior, alguna conversación casual con alguno de sus carceleros.

Yo argüía que sólo en un estado de locura podía admitir el secuestro, pero que no podría desconocer que los plagios de la guerrilla y los rescates que exigía por sus rehenes tenían su origen en los sátrapas que se enriquecían como dinastías y mataban sin saber siquiera a quién apuntaban.

De pronto, José de Lima y yo empezamos a levantar la voz, al punto de que llamamos la atención de los comensales de las mesas vecinas.

—¿Perdonaría a mis secuestradores? —me preguntó, áspero y desconcertante.

—Trataría de entenderlos.

—¿Los perdonaría?

—Por supuesto que no, pero a sabiendas de que no son los peores.

Saltó a la conversación el nombre de Fidel Castro. Pepe lo llamó asesino, bien ganado su lugar en la lista de los sátrapas que yo había mencionado.

—Castro secuestró a su país —me dijo.

—Cubano él, no lo entregó.

—Hizo del poder su propia eternidad.

—Hereda la Revolución cubana.

—O lo que de ella quede.

—Sí, Pepe, que algo queda.

—¿Qué?

—Para empezar, la resistencia indómita.

No supe si esa noche bebimos whisky o agua, y la cena la probaron sólo las cuatro niñas. Odette y Susana asistieron a una disputa que las traspasaba y a las criaturas se les salían las lágrimas. Nunca me perdonaría la escena en la que participé de manera tan desmedida y torpe. Me pesaba el llanto que había reventado.

* * *

Gabriel García Márquez había tenido noticia del secuestro de José de Lima. A él acudí en los días de zozobra y le hablé con palabras desnudas. Él me miraba con una fijeza que me desbordaba de gratitud. Lo vi concentrado, como si escribiera.

Sin dudas ni inhibiciones, le dije:

—Gabriel, habla con Fidel.

Respondió, suave y terminante:

—Hemos conversado como amigos, entre nosotros.

La advertencia era clara: el encuentro quedaría encerrado en la biblioteca.

* * *

El 8 de junio de 2009, en el restaurante San Ángel Inn, nos reunimos Gabriel García Márquez, Juan Ramón de la Fuente y yo. Fue exultante nuestro encuentro, como los muchos que tuvimos en el piso once de la rectoría de Ciudad Universitaria, cuando era gobernada por Juan Ramón.

Gabriel habló de *Proceso* en un lenguaje peculiar, sorprendente. Expresó que era una revista del subsuelo. Allá adentro quién sabe cuántas cosas no se tramarían, pero al final el producto era claro y eminentemente periodístico. Juan Ramón conversaba acerca de su futuro. A fin de año decidiría si se entregaba a la política o a la academia. Yo relaté la historia de José de Lima y me detuve, en los detalles, al hablar del encuentro atroz en el Mauna Loa.

Platicaba:

"Las horas que siguieron a la cena me persiguió el insomnio. Me sentía mal, abrumado. Pesado el ánimo, al día siguiente fui a tu casa, Gabriel. Me recuerdo como arrastrado por un derrumbe. Te conté hasta de las bailarinas hawaianas, el anticlímax de nuestra mesa frenética. Buscaba tu opinión acerca de lo ocurrido".

—Fuiste imprudente, descomedido —veo de nuevo a Gabriel, sentencioso—, pero la verdad, hay que decirla cuando duele.

Ya para abandonar el restaurante, le pregunté a Gabo si era tiempo de abrir su biblioteca y contar lo que ahí habíamos platicado.

—Haz lo que quieras —repuso.

MIGUEL BONASSO

En los días de este trabajo, me llegó a la memoria una historia personal que ahora cuento.

Cuando Jorge Rafael Videla inauguró el campeonato mundial de futbol en el nombre de Dios, Miguel Bonasso y Silvia se movían en el laberinto oscuro de la clandestinidad.

En México, durante su largo exilio, Susana y yo nos hicimos sus amigos. Silvia y Susana se fueron queriendo como hermanas. Ambas morirían de cáncer.

A Susana, inmovilizado su brazo derecho por una hinchazón que le duplicaba el peso y el volumen, Silvia le tejió una hermosísima capa negra para que pudiera cubrirse en los días de frío o dolor extremo. A la muerte de Susana, la capa calentó el cuerpo de Silvia. Y a la muerte de Silvia, Ana, una de mis hijas, heredó la prenda como un legado que da cuenta de la vida.

Triunfante el crimen en Argentina, liquidada la controversia en el país, Miguel y Silvia optaron por la clandestinidad. Llegaron a tan dramática apuesta en momentos desesperados. Sabían del asesinato de personas distantes y cercanas, de la tortura en las instalaciones navales y militares; constataban el exilio para muchos millones de compatriotas; sentían el dolor quemante de la humillación, gobernada la República por miserables que disponían de su destino.

Miguel y Silvia nos contaban de sus días en la guerrilla. Sus hijos, Federico y Flavia, de ocho y diez años, enfrentaban problemas de adultos. Debían vivir la vida de los niños, ir a la escuela, asistir a los recreos, jugar. Pero Federico no podía ser Federico ni Flavia podía ser Flavia.

La directora de la escuela y los profesores conocían su identidad, hijos de clandestinos. El personal era consciente del riesgo que enfrentaba, pero sólo aceptando a los niños sería posible que avanzaran en los estudios y se fueran levantando en su propia existencia.

Silvia, la madre, se arreglaba cada mañana como no se había arreglado la víspera, acentuado un negro leve en los ojos, un rojo más rojo o menos rojo en los labios. Ante el espejo, se inventaba peinados y cambiaba de lentes, los transparentes, los ahumados, los de armazón azul o verde.

En la calle, en confiterías y en la oficina habría de ser naturalmente distinta, nunca la misma, a fin de evadir la atención de los espías y delatores, pendientes de todo.

La casa de la familia era hogar y trinchera. Al exterior, la barda era como todas las del barrio, igual que el jardín frontal. No llamaban la atención la fachada ni el portón ni las ventanas propios de la clase media.

Atrás de la casa había una zona terrosa y, al fondo, una barda de dos metros. Al pie de ella, Miguel y Silvia habían colocado dos pequeñas escaleras para que los cuatro pudieran saltarla y escapar a la muerte.

En el contrapunto que pugna por la claridad, la certeza de que la guerrilla es efecto y no causa, volví a la lectura de *La fiesta del Chivo*. Ardorosamente, pude adentrarme por las venas podridas de Leónidas Trujillo y la cloaca que creó en Santo Domingo. Describe Mario Vargas Llosa al déspota entre sus ministros, relatándoles las noches de amor con sus esposas. Narra el escritor que, entre los cornudos, se dibujaba una sonrisa de satisfacción por los detalles y la pornografía animal que desmenuzaba el miserable. Acompañado por la impunidad, me parece que no existe personaje más bajo.

JUAN GELMAN

Conocí a Juan Gelman en un restaurante de Buenos Aires, atento a la lectura de un periódico. Sobre la mesa observé un pedazo de carta, el nueve de diamantes rojos. Lo saludé, me senté a su lado y coloqué a su alcance mi propia mitad del nueve de diamantes. El restaurante se llamaba El Gran Caruso y yo había acudido al establecimiento con todos los detalles para identificar al poeta: el café oscuro del traje, la camisa abierta del mismo color, un vaso de cerveza a medio llenar, el diario desplegado en sus manos y la mesa elegida cercana a la calle.

La carta dividida nos identificaría. Juan, clandestino, y yo en su mundo para saber de esa inhumanidad que llamamos represión, totalitarismo, guerra sucia, fascismo.

El 5 de junio de 1978, la portada de *Proceso* apareció con el rostro de Jorge Rafael Videla, de tupidos bigotes fúnebres y el uniforme militar que deshonraba. En páginas interiores, la revista explicaba:

"*Proceso* de México y *Der Spiegel* de Alemania fueron las únicas publicaciones seleccionadas por el Consejo Supremo Montonero para conocer, desde su punto de vista, la situación que hoy, en pleno campeonato de futbol, vive Argentina".

A nuestra salida del restaurante, seguirían caminatas y caminatas, un eterno ascender y descender de los taxis, vuelta a los taxis y vuelta a los colectivos, vuelta a las caminatas. Abordamos finalmente un Renault amarillo, particular, y después de un recorrido sin brújula aparente nos detuvimos frente a una casa, como todas, en una calle cualquiera de Mataderos. Ahí nos esperaban el periodista de *Der Spiegel*, Mario, delegado del Consejo de la Provincia de Buenos Aires, y Norberto Habegger, secretario de Acción Política del Consejo Supremo de los Montoneros. Sobre una cama quedarían metralletas, pistolas, granadas, cuchillos, navajas.

Comimos un asado, rápido, nerviosos todos. Fue en aquella ocasión cuando escuché por primera vez al poeta, quien años después habría de conocer hasta en el detalle la muerte bárbara de su hijo, la de su nuera que recién había parido y el secuestro de su nieta, una bebé regalada por los militares a un matrimonio estéril.

Dijo Juan, de cuarenta y ocho años, la mirada levantada, orgulloso su porte, según lo describí en el número 83 de *Proceso*:

"Aquí no existen formas de expresión y las posibilidades de una vida mínimamente civilizada están clausuradas. Videla encabeza la peor dictadura en la historia argentina y una de las más sangrientas en el continente. ¿Qué hacer? ¿Cruzarnos de brazos? ¿Esperar? ¿Esperar qué? ¿Conoce usted o usted —se dirige a los periodistas— alguna oveja que se haya salvado nada más que balando?"

Siguió:

"Aproximadamente treinta mil desaparecidos, centenares de miles de exiliados, miles de muertos, inflación galopante, desempleo galopante, empobrecimiento galopante, mortalidad infantil de treinta por mil, índice nunca antes visto; prohibición de clásicos universales, de Freud, de Marx; prohibición de historietas infantiles, como 'La Tacita Azul'; clausura o desaparición de ciento dos publicaciones; muerte del sindicalismo, del Congreso, de los partidos, de los foros. Muerte civil".

En abril de 1995, y a través de un lenguaje que saca fuego, Juan Gelman habló de su tragedia en el programa "Vuelan las Plumas", de Radio Universidad de Chile.

Dijo entonces:

"Yo no soy un campeón de los derechos humanos. Yo busqué a mi nieta, tal como busqué a mi hijo, como ahora estoy tratando de conseguir los restos de mi nuera. Él tenía veinte años, mi nuera diecinueve, y fueron secuestrados en Buenos Aires en agosto del 76. Según reconstrucciones posteriores, me entero de que a mi hijo lo asesinan en octubre del 76, al mismo tiempo que trasladan a mi nuera al Uruguay. En ese momento mi nuera estaba encinta, de ocho meses y medio. Fueron víctimas del Plan Cóndor. En Uruguay esperaron que naciera la beba, la dejaron que pasara dos meses con ella y luego la asesinan. A la niña se la llevan y se la entregan a un miembro de la policía, que terminó siendo el jefe de la policía.

"Trabajar ante tanta dificultad y tanto silencio no es fácil. Fue una investigación larga, minuciosa, y a partir de cierto momento, cuando teníamos algunas certezas, se inició una campaña de prensa con otros dos amigos, y una campaña de cartas al entonces presidente de Uruguay, José María Sanguinetti, que se pasaba la vida diciendo que en Uruguay no había nacido ninguna criatura en cautiverio. Llegaron miles de cartas, se juntaron firmas. Y tuvo el resultado que yo esperaba: que Sanguinetti finalmente hiciera una investigación a fondo. Pero siguió negándonos la información.

"Mi nieta fue entregada a una pareja estéril. Y de pronto apareció una canastita con una niña de dos meses. La anotaron como propia. La señora que finalmente la crió la esperaba con muchísima ansiedad, rezaba a la Virgen todos los días para tener un hijo. La bautizaron como 'el milagro de Navidad', sin saber de qué se trataba ni de dónde venía. Una vecina de los supuestos padres de mi nieta fue a contarnos la historia, y otras cosas de las que se decían en el barrio, y nos pareció que esa nena podía ser mi nieta.

"Mi nieta se encontró siendo una muchacha de veintitrés años, enterándose de que su padre policía no era su padre, que su madre no era su madre, y de que su padre y su madre habían sido asesinados y ella había sido robada. A partir de ahí está en un proceso que no le resulta fácil —como a nadie le resultaría—, pero hace poco se cambió sus apellidos por los de su padre y de su madre: Gelman García.

"Yo pude tocar resortes que la mayoría de la gente no puede tocar. Alguna vez alguien me lo reprochó. Hay familiares que se topan con una pared, y si los que saben no hablan, va a ser muy difícil, por no decir imposible, saber qué pasó con sus seres queridos".

Entrevistado por la revista *Perspectiva*, Juan Gelman había reflexionado y hablado por muchos:

"Los familiares conocen una parte de la verdad, que es la desaparición, la pérdida de sus seres queridos. La otra parte de esta verdad la conocen los protagonistas de esa época. Y el hecho de conservar el monopolio sobre ese saber, que impide terminar el duelo a los familiares de los desaparecidos, es prolongar la tortura.

"No creo que se sepa mucho acerca de qué angustias, preguntas, dudas, padecen los familiares de los desaparecidos. Sé de una señora en Argentina, una madre que, durante quince años, todas las noches preparaba el plato de sopa caliente que su hijo solía tomar al volver del trabajo. Hay madres y padres que no han cambiado de lugar un solo mueble, ni un solo objeto, nada de la ropa, de la habitación de sus hijos, porque siguen esperando.

"Éstas son angustias, pesos que desde hace años soportamos. En mi caso en particular, deseo encontrar a mi nieta o nieto, que ya va a tener veintitrés años, no para arrancarlo de su ámbito familiar, donde creció, se desarrolló, probablemente es querido, sino porque él tiene derecho a su historia, como mi hijo tiene derecho a la suya, y como yo tengo derecho a la mía".

El padre escribió un poema. Lo llamó "En el nombre del hijo":

Estas visitas que nos hacemos,
vos desde la muerte, yo
cerca de ahí, es la infancia que pone
un dedo sobre el tiempo y dice
que desconocer la vida es un error.
Me pregunto por qué
al doblar una esquina cualquiera
encuentro tu candor sorprendido.
¿El horror es una música extrema?
Las penas llevan a tu calor
cantado en lo que soñaste,
las casas de humo donde vivía el fulgor.

De repente estás solo.
Huelo tu soledad de distancia
obediente a sus leyes de fierro.
El pensamiento insiste en traerte y devolverte
a lo que nunca fuiste.
Tu saliva está fría.
Pesás menos que mi deseo,
que la lengua apretada del aire.

II

PRECURSORES DEL SECUESTRO

Los años ochenta trajeron a México las primeras bandas que al paso del tiempo encontrarían su gran negocio en el secuestro. Los que serían padres del plagio nacional se formaron en prisiones locales. Ahí, en la llamadas universidades del crimen, se titularon como maestros de la delincuencia.

Sus biografías consignan que alguna vez escaparon de las cárceles, de manera individual, en grupo o favorecidos con la libertad condicional, de acuerdo con un documento de inteligencia elaborado por la Secretaría de Seguridad Pública Federal.

La historia de los progenitores del secuestro se inicia con Andrés Caletri, en 1981. En ese entonces, aprendiz aún, Caletri se dedicaba al asalto de establecimientos, joyerías, fábricas, hoteles.

Al año siguiente se integró a la pandilla de Alfredo Ríos Galeana, el sanguinario ex policía del estado de México. Ríos Galeana sería artífice en el asalto a las instituciones bancarias.

Caletri ingresó en el Reclusorio Sur en 1982, plataforma ideal para su vida futura. Conocería a reos del tamaño de José Bernabé Cortés, José Luis Chávez y José Luis Canchola.

Al lado de ellos crearía fama con asaltos explosivos, junto con Modesto Vivas Urzúa, la Víbora, y Benito Vivas Ocampo, el Viborón. El grupo sembraría el terror en zonas del Distrito Federal y el estado de México, principalmente.

La nueva etapa se inicia en la década de los noventa. Surge entonces un facineroso que cobraría fama global: Daniel Arizmendi, el Mochaorejas, en sus orígenes especializado en el robo de automóviles.

El año 1992 es crucial para los plagiarios, al abrirse el secuestro como un negocio millonario antes difícil de imaginar. La banda de la Víbora es pionera, y le siguen Los Vivas, concentrados sus golpes en empresarios del estado de México, Morelos, Guerrero, Puebla, Michoacán y el Distrito Federal.

Es hasta 1994 cuando se prende la alarma en el gobierno. En su primera medida crea la Unidad de Investigación Especial para la Atención de Secuestros, Grupo de Coordinación GAT.

Del otro lado, Arizmendi López atisba el secuestro como su gran oportunidad y cambia de giro, en tanto que los Caletri, los Canchola y los Vivas forman su propia banda. Se habían conocido en el Reclusorio Oriente —al que Caletri había ingresado en 1992—, en diciembre de 1995. Juntos planearon su fuga y ya libres dieron origen a dos células, cada una dueña de su territorio: Modesto Vivas y Canchola secuestraban en el Distrito Federal y Morelos; Andrés Caletri y Héctor Cruz asaltaban bancos y plagiaban en Morelos, principalmente.

Pero Morelos les pareció un espacio pequeño a estos últimos, de suerte que Caletri integró otra banda en 1997. Los delincuentes operarían en el Distrito Federal, Hidalgo y el estado de México. Las organizaciones criminales de Caletri y Arizmendi llegaron al delirio en esos años tan dolorosos para todos, estremecida la sociedad por actos de sevicia, los que imperativamente demandaban justicia.

Se desató la presión pública para que capturaran a Arizmendi y su banda. Siguió el horror. La descomposición en la que tan profundamente había caído el país daba cuenta de sus primeros, aterradores signos.

En febrero del 2000, cayó Caletri; en marzo, Marcos Tinoco Gancedo, el Coronel. Estaba a la vista el derrumbe de los padres del plagio, pero nuevas organizaciones ocuparían su lugar. La nueva generación de hampones crearía sus propios métodos, los ojos en la clase media y otros segmentos de la población. Nacía el secuestro exprés.

BANDA DEL MOCHAOREJAS

La averiguación previa PGR/UEDO/153/98 recorre la vida criminal de Daniel Arizmendi López o Pedro Díaz Esparza o Aldo Almazán Lara o Salvador Gómez Martínez, de cincuenta y un años de edad, originario de Miacatlán, Morelos, chofer de ocupación, afecto al consumo de bebidas embriagantes, mas no adicto a los psicotrópicos, enervantes o el cigarro, condenado a ciento sesenta y ocho años de prisión y 58 mil 500 pesos de multa. De su banda, formada por sesenta sujetos, trece fueron capturados, el 13 de marzo de 1998.

La vesania del Mochaorejas sacudió a la sociedad, enfrentada sin alivio a la tragedia del secuestro. Quedaba claro que el pago del rescate no garantizaba la integridad ni la vida de la víctima. En manos criminales sin identidad, sombras armadas con pistolas y cuchillos, quedaba el destino de hombres y mujeres y aun niños en absoluta indefensión.

Cuenta la procuraduría:

Martín Gómez Robledo, de treinta años, dueño de una gasolinera por el rumbo de Pantitlán, aparece como el primer secuestrado en la historia del Mochaorejas. Fue levantado al salir de su gasolinera, solo. Eric Juárez, cómplice de Arizmendi, le cerró el paso a bordo de su vehículo, a una cuadra del negocio.

Al Mochaorejas y a Juárez se les unieron los hermanos Antonio y Epigmenio Zúñiga. Entre los cuatro subieron a Martín a una van y lo llevaron a un taller clandestino de pintura y remarcación. Ahí lo desnudaron, lo ataron de pies y de manos, lo encerraron en un baño y lo mantuvieron horas en el excusado. Apenas le daban de comer en largas jornadas de agonía.

A través de un teléfono celular, los plagiarios exigieron 1 millón de pesos a los familiares. En la puja entre la vida y la muerte, aceptaron 600 mil. Irían por el botín a la gasolinera. En su momento, recibirían el dinero en una caja de jabón Fab, ordenados los billetes en montones de 20, 50 y 100 pesos.

A dos cuadras, sobre la avenida Zaragoza, Gómez Robledo fue obligado a hincarse sobre el pavimento, la cabeza agachada hasta acariciarlo con la frente. Contaría hasta trescientos, despacito. Si a Gómez Robledo le ganaba la desesperación, ahí mismo sería liquidado.

El segundo secuestro de la banda de Arizmendi terminó con un disparo al corazón. Su exigencia por el rescate de un modesto comerciante ascendió a 500 mil pesos. Los familiares informaron, en su desesperación, que sólo habían reunido 80 mil pesos, pero podrían llegar a los 100 mil. Arizmendi consideró la respuesta como un agravio. De él, nadie se burlaba.

* * *

Daniel Vanegas, lugarteniente del Mochaorejas, declaró ante el ministerio público que en un principio trabajó en el robo de automóviles y que, de negocio tan fácil, dio el salto al secuestro. A través del celular, transmitía el terror de la víctima a sus familiares y de los familiares a la víctima. Le solazaba la desesperación que provocaba entre inocentes que clamaban por su comprensión.

Vanegas había reunido a un grupo que robaba automóviles y obtenía los permisos, las tarjetas de circulación, las facturas, los engomados, las placas, todo lo que hiciera falta para ofrecerlos en venta. Otro grupo se encargaba de remarcar los números de serie, motor y chasis de los vehículos "doblados" para su venta al mejor postor.

"Por un permiso de circulación ganaba 300 y por un juego de placas, 2 mil. A los tres meses de trabajar en lo de los coches, Arizmendi me encargó algo bueno", diría Vanegas. Vigilaría los movimientos del señor Luis Gazcón, dueño de una vinatería en la avenida Cafetales, en Coapa. "Por éste, mi primer encargo directo, Arizmendi me pagó 150 mil pesos.

"Para la siguiente vigilancia vendí mi coche, un VW viejo, y me compré uno del año, azul, que puse a nombre de mi esposa, Jacqueline Cruz Ríos. En mi actividad levantaría al dueño de una empresa de autobuses de pasajeros, cerca de la calle Victoria y Pemex, un señor como de cincuenta años. Lo seguí quince días. Al cabo de dos semanas recibí mi parte: 350 mil pesos.

"Luego me encomendaron vigilar, frente a una tienda K2, a una güerita de lentes. Ella se dedicaba al ramo del transporte y no le perdí pisada durante tres días, de siete a nueve de la mañana. Por este trabajo me pagaron 300 mil, a los que agregué mis ahorros para comprar la casa donde vivo con mi hermana, Dulce Paz Vanegas Martínez, la querida del Mochaorejas. La casa me costó 850 mil pesos. De la güerita no sé qué pasaría."

* * *

El Mochaorejas contaba con una asesoría en forma. La integraban los licenciados Juan Fonseca Díaz, Arturo

Moncada Espejel Matías y Juan Carlos "N", adscritos a la Policía Judicial Federal. Fonseca Díaz conseguía credenciales metálicas de agente del ministerio público de la federación y los documentos de la Cámara de Diputados que hicieran falta, para ponerlos a disposición de Daniel Arizmendi. El bufete auxiliaba a los integrantes de la banda detenidos por la justicia. Rápidamente, vista su condición de funcionarios públicos, obtenían la libertad de los delincuentes.

Arturo Moncada Espejel Matías y Fonseca Díaz compraban radios en Sinaloa. Eran los mismos que utilizaban las corporaciones policiacas. En todo querían igualarlos, por lo menos.

La parranda se hizo habitual en las noches de Vanegas. Se volvió adicto a la cocaína. A las drogas lo llevaría su preceptor: Arizmendi.

"Con la droga, más y más gramos, fue creciendo mi fortuna personal. Haciendo cuentas: vigilé a los señores Ernesto y Francisco Henaro Payán, empresarios de Comex. Por estas vigilancias me dieron 350 mil pesos. También vigilé diez días a un transportista de polietileno en Naucalpan, Edomex. Me dieron un trescientón. Luego me ordenaron seguir a Avelino Soberón Pascual, propietario de la empresa transportadora de 'Anís del Mico', que se localiza en calzada de Tlalpan. Cobré otros trescientos. Después seguí a Luis Serrano, comerciante en jamones. Obtuve 200 mil. Enseguida, a Gumersindo 'N', dueño de la vinatería 'La Europea', de la calle de Ayuntamiento, en el centro de la capital. Esta vigilancia la recorrí a pie. Me pagaron 500 mil pesos por mi colaboración.

”A mediados del 2003 se nos echó a perder un asunto puesto por Alfonso 'N', chofer del papá de Raúl Nava Ricaño. Fue un caso muy sonado. Se trataba del secuestro del hijo del dueño de 'Navafruit', unas bodegas en la Central de Abastos del D. F. El chofer fue despedido por su patrón, quien le pagó su indemnización, pero quedaría inconforme con el pago. Daniel Arizmendi se volvería cómplice del crimen. A Raulito lo había tenido que tumbar porque el papá del joven se había negado a cubrir el rescate.”

Raúl Nava tenía veintiún años, sin cuentas con la vida. Cercenada una oreja, fue arrojado al infierno del maltrato vil y la muerte. El crimen le pareció un juego a Arizmendi y, como todo juego, catorce de sus secuaces asistirían a la nefanda jornada como a un espectáculo.

✳   ✳   ✳

En agosto del 2001 entrevisté a Daniel Arizmendi, el Mochaorejas. El encuentro tuvo lugar en el penal federal de máxima seguridad La Palma, en Almoloya de Juárez, estado de México. Ahí, de frente, vi a un prototipo de la sevicia, sombra densa de un hombre.

De estatura corta, flexible, y su gorra beige de beisbolista, hubiera podido pasar como un segunda base o un *shortstop*, los encargados de atrapar las pelotas a ras del suelo, quebrada la cintura.

Arizmendi escribió una carta para la madre de Raúl. Me mostró el pliego, en letras cursivas, y le dio lectura en un ritmo somnoliento. Dice la página, propia de un semianalfabeto y no de quien afirma haber cumplido con la educación primaria:

"Sra. Nava: usted ofreció la recompensa por mi y tanvien por medio de sus influencias a logrado que ami me castiguen en la cárcel.

"Sra. Le juro que no le guardo odio ni rencor. Por las agresiones asia mi persona. Alreves la comprendo y le doy la razon. Yo se que meresco eso y mas. Sra. Le juro estoy a rrepentido de aver privado de la vida a su hijo Raulito. Sra. O si para reparar ese daño yo le tuviera que entregar uno de mis hijos le juro que lo aría por dos motivos.

"#1. Para asegurarlo a mi hijo un futuro lleno de riquezas y prosperidad al lado de usted.

"#2. Para que usted volviera a tener felicidad y dicha al lado de un hijo y tamvien para vorrar ese odio y rencor que tanto daño le ase a su persona.

"Sra. Todas las noches le rogare a dios para que usted me perdone. E igualmente perdone a su esposo. Ya que entre el y yo acavamos con la vida de su hijo. El padre de Raulito mató a su hijo, como yo, aunque no disparara. Tenía el dinero y no quiso darlo. En su contabilidad de hombre rico, el muchacho perdió".

Arizmendi escribió una posdata, que tambíen me lee:

"Sra. Su hijo paso a ser parte de mi ser Todos los años, cuando es el día del Maestro lo recuerdo y yoro. porque ese día fue el día del deceso y sobre todo porque el era maestro y enves de estar brindando con sus alumnos y compañeros. El se encontrava en la fria morge. Todo por mi maldita culpa, ojalá y dios no me uviera traido al mundo. Sra. Por favor perdóneme eso me ara centir su perdon que me ara centir dichoso. Sra. Nava usted un dia me pregunto que se puede hacer para acavar con pobreza, la marginacion y sobre todo preparar a la niñez de nuestro pais, para el futuro etc. etc. pero somo usted sabra todos quieren $ para sus arcas, no para ayudar al jodido. por lo tanto la delincuencia ganara terreno dia a dia asta llegar a otra revolucion".

Arizmendi olvida su entorno, se olvida de mí. Baja la cabeza y lee como si cantara, como si rezara, letanía dislocada apenas audible:

Yo no rovo por rovar
primero los investigo
y si les sobra el dinero
les quitamos un poquito.

* * *

El Mochaorejas, de aires empresariales, invirtió el dinero producto del secuestro en una próspera constructora ubicada en Aragón. Compró de contado un departamento en la avenida Central, por el hotel San Remo, una casa en Acapulco, cercana a la Diana Cazadora, con valor de 3 millones de pesos, y una más en Cuernavaca. Le gustaba la ciudad, mas no habitó la residencia por temor a un asalto sorpresivo. Prefería ir de hotel en hotel.

Sentía a los gendarmes cerca, difundida su fotografía en los periódicos. Dinero le sobraba y decidió enviar a sus más allegados a Cuba. Allí estarían un tiempo sin prisa por volver, su hijo, Daniel Arizmendi Arias; su hija adoptiva, Sandra Arizmendi Arias; su esposa, Lourdes Arias García; sus sobrinos Aurelio, Adrián, Eric; también Adriana, su cuñada. Viajaron todos con pasaportes falsificados que les fueron entregados en Toluca.

ANDRÉS CALETRI

El 29 de febrero de 2000, el juez tercero de distrito con sede en Toluca declaró formalmente preso a Nicolás Andrés Caletri López. Los delitos quedaron integrados en el expediente 28/2000.

Dos juicios dieron cuenta de sendas fugas de la prisión, en junio de 1986 y diciembre de 1995. El primer proceso hubo de enfrentarlo en el Reclusorio Sur, en 1982. Fue señalado como asaltabancos, homicida, ladrón, reo por asociación delictuosa y portador de arma prohibida.

Diez años después, fue acusado de los mismos delitos, e internado en el mismo reclusorio que en 1982. De la cárcel se fugó nuevamente y volvió a la prisión el 25 de febrero de 2000.

Discípulo del comandante Alfredo Ríos Galeana, jefe del extinto Batallón de Radiopatrullas del Estado de México (Barapem), creó su propia estrategia para operar a lo grande en sus casi quince años de carrera asesina. En los estados de Morelos, México, Oaxaca y el Distrito Federal, subcontrató bandas de secuestradores que multiplicaron sus ingresos en millones, que crecían verticalmente.

Al separarse de Ríos Galeana para operar a su antojo, organizó grupos, uno en el D. F. y otro en el estado de México. De ambos se hizo personalmente responsable. En cuanto a las bandas de Morelos y Oaxaca, fueron encomendadas a Víctor Hugo Anduaga Campos y Juan León Maya.

En la década de 1990, la banda fue temible como pocas. Caletri y los suyos contrataron a grupos de gatilleros locales, de probada eficacia. Eran muchos y fueron organizados en "células" especializadas.

Algunas de éstas custodiaban a los secuestrados en las casas de seguridad; otras seguían el curso de las negociaciones, ese regateo infame entre el dinero y la integridad y la vida de la víctima; el último grupo, el verdaderamente selecto, mantenía contactos con policías involucrados en la red criminal.

La aprehensión de Caletri fue incruenta. La precedió una minuciosa labor de inteligencia, que permitió obtener diecisiete números telefónicos que utilizaba el delincuente para comunicarse con sus familiares y cómplices.

Un día se reconoció impotente para repeler a los policías dispuestos a todo. Un cerco le impedía el menor movimiento.

Esposado, sedado y fuertemente custodiado por elementos del grupo secreto Fuerza Especial de Reacción Yaqui, un malencarado y violento Andrés Caletri fue presentado a la prensa. El anuncio se hizo público la noche de su captura y remisión al penal de máxima seguridad de

Almoloya. Ahí respondería por seis averiguaciones previas por los delitos de secuestro y asociación delictuosa.

La presentación de Caletri causó expectación. Se lo comparaba con el Mochaorejas: sádicos, la carcajada frente al sufrimiento ajeno, el gozo como ningún otro placer en el padecimiento de sus víctimas. Su aparición fue espectacular. Desfigurado por la droga, conservó la energía para maldecir a sus captores.

Al ingresar en el auditorio de la PGR, las voces excitadas de los fotógrafos y camarógrafos exigían a Caletri que volviera el rostro y que los mirara, que habrían de fotografiarlo y filmarlo como un alto tributo a su carrera.

¡Caletri!, ¡Caletri! La luz incidía en el rostro duro del criminal y sus ojos buscaban sin hallar el origen de voces descompuestas en el ardor de la escena.

Entre dientes, también fuerte y claro, Caletri respondía al reclamo de los fotógrafos con un lenguaje de albañal.

—Vayan a tomarle fotos a su pinche madre, cabrones —aullaba casi, mientras dos elementos de seguridad lo sujetaban, esposado, a fin de evitar que sus pasos tambaleantes dieran con él en tierra.

Pero seguían los flashazos y las voces y los reclamos para que levantara la cara:

—Órale... ráyense horita que pueden... pinches periodistas —atacaba Caletri.

Antes de abandonar el auditorio, el plagiario, rey del hampa, vociferó:

—Nos vemos en el infierno, culeros.

* * *

El secuestro de Francisco Xavier Lebrija Pino ocurrió a las nueve de la mañana, el 3 de febrero de 1997. Relata la víctima:

"En la calle de Galeana, una camioneta pick up me cerró el paso. Bajó el conductor y de la nada salió otro sujeto, que me apuntó con una pistola. En un segundo vi rodeado mi coche por cuatro vehículos, uno al frente, otro atrás y uno a cada lado de las portezuelas.

"Jalándome el cabello hasta arrancarlo, me aventaron al piso de la parte trasera de uno de los autos, boca abajo. Me quitaron todo lo que llevaba encima, me ataron, apretaron un trapo pestilente contra la cara. Después de una hora o muchas, no sabría cuántas, llegamos a una casa en la que permanecí encerrado y desnudo como una semana.

"Me vendaron los ojos con cinta adhesiva y me encerraron en un baño asqueroso. Ahí era interrogado por Daniel Arizmendi para hacer el recuento mil veces de los bienes de mi familia. Me obligaron a llamar a mi casa. Contestó mi madre. Mi padre refiere que le pidieron inicialmente 12 millones de pesos. Negociaron hasta quedar en tres.

"El segundo día de mi cautiverio entró al baño un individuo que llevaba consigo una cadena metálica. Uno de sus extremos lo ató a mi cuello con un candado y el otro, por fuera del baño, lo aseguró en la pared. Me informó el sujeto que todo esto era por seguridad, pues un segundo secuestrado se encontraba en la misma casa. Podríamos comunicarnos y entonces nos matarían.

"Al cabo de una semana, harapo, me devolvieron mi ropa y me soltaron por la calzada Guadalupe".

✳ ✳ ✳

Armando Sánchez Rodríguez vivía en la calle de Quito, número 82, colonia Lindavista. Fue en octubre, 1996. Jugaba futbol rápido en las canchas de la avenida Circunvalación. En una de ésas, camino a su coche, un individuo lo encañonó con un arma larga y otros tres se aparecieron de pronto. Lo subieron a su propio automóvil, lo ataron de pies y manos y lo arrojaron a la cajuela. Divertidos, varias veces la cerraron con estrépito y la volvieron a abrir para escuchar de nuevo su tronido.

No supo a dónde lo llevaron; caminó cegado por un trapo oscuro y vio de nuevo la luz en un baño hediondo.

Fue encadenado como loco peligroso y alimentado con fruta, pan y leche.

Los plagiarios le llevaban los platos de noche y apagaban la luz para que no pudiera mirar a sus captores. Una vez dispararon en el interior del baño. La advertencia de la muerte estaba en la bala. Drogos, gritaban incoherencias porque la familia les ofrecía sólo 400 mil pesos.

Hasta que llegó el día en el que, los secuestradores, hartos, le hicieron redactar una nota. O pagaban más sus hermanos o todo terminaba. Junto al recado, manchado de sangre ya negra, envolvieron en papel periódico la oreja cercenada.

Declararía el Mochaorejas que habían elegido a Armando Sánchez Rodríguez por la prosperidad de su familia, dedicada a la venta de telas y la confección de ropa en el centro de la ciudad de México, allá por el mercado de Mixcalco. La persona que le sugirió este secuestro fue Juan José Araiza Guzmán, ocupado en el robo de tráilers, por la ruta de Puebla y Veracruz.

"Le cortamos la oreja con una tijera de pollero de treinta centímetros. Previamente lo acostamos boca arriba, amarradas las piernas y las manos. Un tal José, del estado de Morelos, se sentó en su pecho y lo ahogaba. Para evitarle la hemorragia por la oreja, la izquierda, le pusimos ceniza de estopa quemada.

"Esto fue en la mañana. Luego le hablé al negociador, su hermano, a quien le ordené ir a la gasolinera de Mazaryk y Molière, en Polanco, y entrar al baño de caballeros, donde yo le había dejado la nota de su hermano, atrás de la caja del sanitario.

"Envuelto en el papel del recado acomodé la oreja. A todo esto surgió una presión más fuerte y pudimos llegar a un acuerdo con la familia. Me pagaron, no estoy muy seguro si fueron 2 millones de pesos o más."

La amputación de la oreja marcó a Armando Sánchez Rodríguez con una cicatriz visible y perpetua.

* * *

Daniel Arizmendi no cortaba orejas. Era su hermano Aurelio. Procedía con la sencilla naturalidad de quien corta la rama seca de algún arbusto.

Según informes del Sistema Nacional de Seguridad Pública, Aurelio era el más sanguinario del grupo. Hizo de la tortura, la mutilación y el asesinato, un modo de ser.

Luego de la detención del ex director de la Unidad Antisecuestros de la Procuraduría General de Justicia de Morelos, Armando Martínez Salgado, acusado de brindar protección a los hermanos Arizmendi, la PGR recuperó archivos que sirvieron para asomarse a la crueldad de los delincuentes y conocer detalles acerca de su modo de operar.

La información describe el caso de un transportista secuestrado en un restaurante de la colonia Lindavista, por cuyo rescate exigió la banda 5 millones de dólares. Pese a que la familia aceptó pagar el monto del rescate, los secuestradores la enloquecieron con incesantes llamadas telefónicas, grabadas. La víctima describía las torturas a las que era sometido. La banda finalmente cobró el rescate. Liberaron a la víctima sin la oreja derecha y sin el testículo izquierdo.

Aurelio fue aprehendido el 30 de junio de 1998 por treinta agentes de la Unidad contra el Crimen Organizado de la PGR. Sorpresivamente, los judiciales irrumpieron en una casa de seguridad situada en el kilómetro 3.5 de la carretera al Ajusco.

Al saberse descubierto, Aurelio saltó por una barda de la casa y repelió la acción policiaca pistola en mano. Recibió varios tiros en las piernas. Sufrió una fractura expuesta de fémur. Gravemente herido, pretendió abordar su auto con su último aliento de libertad: "Mátenme, ya sé lo que me espera…"

* * *

Osiris Rafael González Rodríguez tenía catorce años. Lo levantaron en mayo de 1996, en Iztapalapa, junto con Enrique Preciado González, auxiliar del contador de María Luisa Cecilia González Guzmán, madre de Osiris. María Luisa era dueña de un restaurante bar, el "Marriverbar", ubicado en el Eje 6 Sur, número 61, colonia Guadalupe del Moral.

Los muchachos fueron interceptados a diez cuadras del hogar de Osiris por siete sujetos que se ostentaron como policías y que circulaban en dos vehículos. Subieron a Osiris en uno de ellos y se lo llevaron.

Los secuestradores exigieron 5 millones de pesos a la madre de Osiris. La señora, en su angustia, se comprometió a pagar el rescate. En su primer minuto de reflexión supo que jamás alcanzaría tamaña fortuna.

Así se lo hizo saber a Arizmendi en uno de los muchos llamados que se cruzaron entre ellos. El Mochaorejas le dijo que no se hiciera pendeja y que le proporcionaría algunos números telefónicos de personas que le habían cumplido. La señora sabría por ellos que cuando todo salía bien y le entregaban el rescate no había problema. Si no, ya le haría llegar el cuerpo de Osiris mutilado o muerto.

Finalmente, las partes llegaron a un acuerdo: 200 mil dólares, más 100 mil pesos. Operarían así: ella cosería una bandera asida al palo de una escoba de un metro por un metro con veinte centímetros, de tela blanca. Luego, en dos costales dobles, ordenaría el dinero en partes proporcionales, cerrados los bultos con un mecate en forma de alforjas. Los costales habrían de ponerse en el piso del vehículo. La señora ondearía la bandera por la ventana del copiloto, ya fuera del nuevo Periférico que da a la calzada Zaragoza, por el rumbo de Rojo Gómez.

Al llegar a Zaragoza, la madre de Osiris aguardaría frente a la clínica del ISSSTE. Allí se le ordenó dar vuelta, en la avenida Emilio Azcárraga. Dos sujetos con gorra recibirían los costales. En todo momento la señora fue seguida por un vehículo con las luces altas encendidas a fin de que no pudiera verles los rostros.

Fiel a las instrucciones recibidas, volvió a su casa. Hubo una llamada alentadora del secuestrador. Podría ir por su hijo cerca de un puente, en las inmediaciones del ISSSTE, donde ya había estado. Casi para llegar al lugar indicado, uno de sus familiares le llamó: a última hora cambiaba el lugar de la entrega, una gasolinera frente al Peñón Viejo, sobre la avenida Zaragoza. Ahí estaría el muchacho. Eran las dos de la madrugada.

Hubo una última llamada de Arizmendi a la madre de Osiris: "Aquí se acabó el trato, usted a mí no me conoce pero yo a usted sí..."

* * *

En sus inicios como criminal, Josué Juan Vanegas Martínez, hermano de Daniel Vanegas, ganaba 500 pesos por auto robado. Poco a poco, perfeccionado el hurto, todos los documentos en regla, llegó a cobrar hasta 10 mil pesos por unidad.

Su hermana, Dulce Paz, amante del Mochaorejas, facilitó el encuentro entre los dos sujetos. Se miraron, se saludaron bien y al poco tiempo se darían trato de parientes.

El día de su captura, que había resuelto dedicar a las compras para su casa, fue sorprendido por personas que se dijeron judiciales federales. Solicitaron su identificación. Vanegas mostró su licencia con un nombre falso. El Mochaorejas había instruido a su gente: todos deberían trabajar con credenciales apócrifas, en presunción de un posible arresto.

En un principio, Josué Juan pretendió confundir a los agentes, pero los nervios lo traicionaron y confesó su verdadera personalidad. A la confesión siguió un sucio sometimiento a la revisión corporal y la búsqueda de armas o droga en su vehículo. En el interior de la guantera los judiciales hallaron una Colt .38 súper, cromada, con las cachas de madera y tres cartuchos útiles.

Su hermano Daniel le había regalado la pistola. Del lado izquierdo ostentaba la leyenda "el capitán", y del derecho, "Col. Officer's A.C.P. serie el CAP 394". Josué Juan la había portado en los ocho secuestros en que había participado.

En su momento, declaró el inculpado:

"Desde el año 1993 había conocido a Joaquín Parra Zúñiga". Fueron vecinos en la Unidad 7, frente a la Delegación Iztapalapa, en el edificio C, sección Q, departamento 304. "Prosperó la amistad con Joaquín entre mis hermanos Daniel y Dulce Paz. Esto fue posible porque la esposa de Joaquín Parra Zúñiga se dedicaba a hacer los trámites necesarios para conseguir casas en esta unidad. Se dedicaba al robo de vehículos y su venta ilegal.

"Nos conocimos —diría Josué Juan— y le entramos al negocio."

Sigue:

"Empezamos ganando 500 pesos por carro. Ya sabiendo que eran robados, cobrábamos 3 mil. Hacíamos como cinco carros a la semana. Ya emplacados y remarcados los vendíamos o cambiábamos por otros que se anunciaban en el periódico. Nuestra participación era cada vez mayor, hasta 5 o 10 mil, según era el carro.

"Con mis utilidades, primeramente adquirí un departamento en la avenida Manuel M. López, no recuerdo el número, edificio C4, departamento 304, colonia Tláhuac. Lo habité año y medio.

"Para mediados de 1994, Joaquín Parra nos presentó con Daniel Arizmendi. Nos dijo derecho que era el mero jefe de la banda de robacoches. Trataríamos directamente con él.

"Llevamos esta actividad hasta 1995. Un día, de repente, Arizmendi suspendió por varios meses todo trámite en el que pudiéramos ganar dinero rápidamente. Fue hasta finales de ese año que nos invitó a mí y a mis hermanos a lo de los secuestros. En ese tiempo Arizmendi y mi hermana Dulce Paz tenían relaciones amorosas, por lo que realizamos juntos, con mucha confianza, el primer secuestro.

"Una vez que cobramos nuestro primer rescate, nos fuimos de reventón a Acapulco por cinco días. Daniel Arizmendi me había enganchado a su banda diciendo que no fuera joto, que la chamba era sólo de un ratito, que la lana era mucha y que nomás había que 'ponerle huevos'. Mi primera participación me dejó 50 mil lanas; la segunda, 150 mil; la tercera, 100 mil. Con esta cantidad ya me alcanzaba para comprar un departamento, que puse a nombre de mi esposa, Mayra Verónica Juárez Sánchez, quien sabía de los secuestros. El departamento está en la calle Casas Grandes, número 95, interior 304, colonia Vértiz Narvarte, entre Universidad y Morena, en esta ciudad. También adquirí una casa en Toluca, en la segunda cerrada de Izcalli, número 15, fraccionamiento Izcalli Cuauhtémoc I, registrada también a nombre de mi esposa por precaución.

"Era padrísimo, me alcanzaba para todo lo que quería. Compré un Tsuru 1995, color cereza, con placas que terminan en 6; un vw 1995 con placas de circulación 348 JTW; un Mercedes Benz modelo 1964 color azul. Recuerdo que me fui a pasear con mi esposa, mis suegros y mi cuñado Margarito. Fuimos a Zacatecas; por primera vez en mi vida nos hospedamos en un hotel.

”Regresando de ese viaje fui citado por Daniel Arizmendi para hacer el levantón del hijo del dueño de una bodega denominada ‘Navafruit’, en la Central de Abastos. El joven, Raúl Nava Ricaño, iba en su Mercedes Benz. Con una camioneta pick up vieja, Juan, el Flaco, chocó al Mercedes y sin meter a fondo el acelerador, fingió que huía. Raúl Nava lo persiguió para cobrarle el golpe. El Flaco sabía que tenía que meterse en una vía de poca circulación que sale a la calle de Tezontle. Nava lo alcanza y se baja del Mercedes. El Flaco lo espera sin descender de su pick up, mientras el Rata, el Chef, el Barbón y yo nos acercábamos. A Raúl lo jaloneamos de la camisa, le cortamos cartucho, le dijimos que se trataba de un secuestro y lo metimos a la van roja. El Rata manejó el Mercedes, que abandonamos unas cuadras más adelante.

”En tanto, Daniel Arizmendi y Dulce Paz permanecían a bordo de un Luccino, por si la autoridad llegaba. Entonces tendríamos que distraer a los policías provocando algún choque o algún daño al vehículo. De igual forma avistaba mi hermano a bordo de un Chevy. Todos íbamos armados. Ésta era la logística que más o menos adoptábamos en cada uno de los secuestros en los que participábamos.

"Cinco días después de este secuestro, recibí una llamada de mi hermano, Daniel Vanegas. Me pedía que fuera a verlo. Lo encontré en su casa muy borracho. Me invitó a embriagarme con él para platicarme que a Raúl Nava Ricaño se lo tuvo que 'quebrar' por órdenes de Daniel Arizmendi. Su familia no quiso pagar el rescate y le había metido dos plomazos en la cabeza, por lo que no iba a haber dinero en esta ocasión. Mi hermano se emborrachó una semana seguida".

✻ ✻ ✻

"Secuestramos después a los señores Payán. Este trabajo se nos puso difícil, ya que traían dos personas de seguridad atrás de su coche. Se armó un tiroteo. Por esta chamba me gané 150 mil que el Mochaorejas me dejó, como siempre, con mi mamá, Eustaquia Martínez. Mi mamá me hablaba y yo iba por el dinero.

"También participé en el intento de secuestro de la profesora Rosy Mendoza, propietaria del Colegio Anglo Americano. Mis hermanos Daniel y Dulce Paz me indicaron que yo debía estar en Paseos de Taxqueña, frente a la aseguradora, a las seis de la mañana. Ahí me esperarían Daniel y Aurelio Arizmendi, Miguel Armando Morgan, el Chef, el Rata y el Flaco.

"Ese levantón se iba a hacer igual que el de los Payán. Yo, junto con los de los apodos, a bordo de una camioneta Oldsmobile manejada por el Chef. A las nueve de la mañana divisamos el auto Gran Marquis de la profesora y otro, el de su seguridad, un Spirit blanco. Daniel choca al Gran Marquis de doña Rosy y nosotros al de la seguridad, mientras los Patanes, el Negro y su hermano Adrián, se dirigen al carro de los guaruras y se agarran a tiros con ellos.

"De igual manera me bajo y voy hacia el coche de la profesora. Con mi pistola 9 mm la amenazo para que baje del vehículo. Como no lo hace, el Mochaorejas me grita que le tire unos balazos al parabrisas, que lo rompa y la saque. Lo hago y no pasa nada. El auto estaba blindado. También le disparaba el Rata con un cuerno de chivo y el Flaco con una 9 mm como la mía.

"Por radio, Daniel Arizmendi nos ordenó que huyéramos. 'Ya valimos madres', gritaba, ya 'eran muchos los panchos' que habíamos cometido.

"En la retirada vimos a uno de los guaruras que se llevaba la mano a la cintura. El otro atravesó la calle para abrir fuego a la hora en que pasábamos por ahí. Nosotros disparamos y le dimos. Poco después sabríamos por las noticias que había muerto. Finalmente, nos largamos a la chingada, abandonándolo todo, el Oldsmobile y las armas.

"Quince días después participé en el secuestro de dos españoles. A uno lo levantamos en Rojo Gómez y al otro, que era el de "La Europea", por ahí. Por estos trabajos recibí 350 mil pesos. Después de esto, Arizmendi decidió que volveríamos a trabajar hasta el otro año. Llegaban las fiestas decembrinas y había que festejar. El 7 de enero, mi mamá me avisó de la aprehensión de mis hermanos Daniel y Dulce Paz Vanegas Martínez."

✳ ✳ ✳

Joaquín Parra Zúñiga fue policía judicial del estado de México. Trabajaba bajo el mando del comandante Alberto Pliego Fuentes y obedecía a Daniel Arizmendi. En un careo, le dijo:

"En muchos de tus secuestros, Daniel, yo no participé. Contigo anduve en lo de los robos de autos, que fueron hartos, pero no en lo otro".

Arizmendi declaró que conoció al judicial a raíz de la venta de una camioneta caliente o chocolatona. Un disgusto los separó por algún tiempo. El Mochaorejas reclamó al policía que hubiera vendido carros sin su autorización. El secuestro los uniría de nuevo. Del desenlace ninguno de los dos tendría la menor idea.

Dice el Mochaorejas, según el expediente del suceso: "Yo tenía en una discoteca, de la que no recuerdo el nombre, pero que era de mi propiedad, a un secuestrado. En esa situación, el pinche judicial me delató y vendió ante la Policía Judicial del estado. Raciel Parra Loyo, uno de sus primos, consiguió su libertad a cuenta de la traición".

Al cabo de dos años, el Mochaorejas fue detenido. El comandante Pliego capitaneaba a los policías del estado de México que dieron con él.

Declaró Arizmendi:

"Me ataron y vendaron y me empezaron a preguntar de los secuestros. Yo jugué al loco. Dije ignorarlo todo. Me dijeron que no me hiciera, todo con groserías y ofensas, y me hicieron saber que varias personas que ya estaban en proceso me estaban identificando como jefe de la banda. Entre ellos, al frente, estaba Joaquín Parra Zúñiga, el traidor".

※ ※ ※

Tras diez meses de persecución, la noche del lunes 18 de agosto de 1998, todo había terminado para el secuestrador. El operativo policial tuvo lugar en Naucalpan. Ese día, el Mochaorejas se disponía a cobrar un rescate a la familia de Raúl Nieto del Río. La engañaba. Exigía dinero por un cadáver.

"Fue un día de mala suerte", declaró al saberse vencido. Diría también que cortaba las orejas "porque los familiares del caso, a pesar de tener tanto dinero, no me lo querían dar. Si tuviera 100 millones de dólares lo volvería a hacer. No era por el dinero. Era por la adrenalina. Sin la adrenalina era cosa".

Figura en el expediente el diálogo que sigue:

—¿Por qué mutilaba a sus víctimas? —le preguntaron.

—Para forzar a las familias a que dieran dinero.

—¿Cómo lo hacía?

—Con tijeras de pollero.

—¿Nunca se conmovió por los secuestrados?

—Nunca oí que alguien me dijera que no, tal vez porque no les daba tiempo. El perdón se lo pido a Dios, que para eso está.

* * *

Unas horas antes de su captura, Daniel Arizmendi asesinó al empresario Raúl Nieto. Yacente, le cortó las orejas, maquilló su rostro y le tomó una foto que enviaría a la familia con la sórdida exigencia del rescate.

En Almoloya, donde se encuentra, nunca más mirará la oscuridad. Una luz permanente lo sigue y hace imposible que pueda disolverse en la negrura de su cuerpo.

Sólo tiene un igual, el asesino material de Luis Donaldo Colosio, Mario Aburto.

BANDA DE LOS MONTANTE

Apoyado por sus cinco hijos, José Samuel García Montante, un ex custodio de camionetas de valores, formó una banda integrada por treinta sujetos. A su muerte, el hermano mayor, Juan Carlos, alias el Gordo, junto con el Pachas y el Carlos, comandó el grupo criminal. Operaba sobre todo en el estado de México y el Distrito Federal.

La madre de Juan Carlos fue la pista que llevaría a los judiciales a la detención del plagiario. Enferma de cáncer, la señora buscaba alivio en tres consultorios, ubicados en las colonias Congreso de la Unión, Chapultepec y Gertrudis Sánchez. Los policías supieron de su itinerario y obtuvieron información acerca de sus relaciones personales.

Una mañana avistaron un automóvil blanco, placas 396 PMS, que suavemente se estacionaba frente a la clínica de la Gertrudis Sánchez. Su conductor respondía a las señas de Juan Carlos. Convencido de que no tendría mejor coartada que su madre al lado, se tragó su desmayada confianza como un veneno dulce y se entregó sin resistencia.

Juan Carlos planeaba los secuestros, los negociaba, cobraba los rescates y a veces hasta mataba. El azar apuntaba a las víctimas, personas a bordo de un auto lujoso o transeúntes de ropa fina. La mayoría resultaban comerciantes de ingresos altos de la Central de Abastos, estudiantes ostentosos, amas de casa, señoras que iban al mercado en carros del año, empresarios. Presos en la casa de seguridad, solía encerrarlos en lo que llamaba jaulas, espacios diminutos sin manera de acomodar en su interior el cuerpo. Contrahechos, el martirio los recorría. Además, les cubría los ojos hasta la punta de la nariz con cinta adhesiva que restiraba con saña.

La banda contaba con mujeres que levantaban a sus víctimas y las trasladaban a las cárceles para iniciar la negociación con sus familiares. Los bandoleros se habían adiestrado en el manejo de las ametralladoras automáticas, los AK-47 y las pistolas escuadras de 9 milímetros.

Por ahora, la vida ha dado cuenta de cada uno de los jefes: José Samuel García Montante murió en el Reclusorio Oriente; el cadáver de Hugo apareció acuchillado, como para matarlo diez veces, cerca del metro Oceanía; Julio César permanece en el Reclusorio Oriente, y los ojos de Fernando, Alan y Cristian García Montante no pueden ir más allá de las alambradas del Reclusorio Norte.

* * *

Miguel Ángel Moreno Lepe vivía casado con Salomé, de veinticinco años. Ufano de Miguel Ángel Moreno Romero, de cinco meses, vivía tranquilo en la calle Toltecas, manzana 10, lote 1, colonia Ampliación Santa Catarina, Tláhuac. Trabajaba en una empresa llamada "Profesionales en Sistemas de Cableados". Para engrosar sus ingresos, criaba perros de raza xoloizcuincle.

El 8 de octubre de 2001, le llamó un sujeto que parecía interesado en los perros. Se citaron a las siete y media de la noche en el local dedicado al cuidado de los animales. El supuesto cliente no llegó y Miguel Ángel se retiró a su casa. Ahí recibiría otro telefonema del mismo sujeto. Se le había hecho tarde a causa del tráfico. ¿Podría ir a su casa para mirar fotos de los perros y hablar de precios? Miguel no tuvo inconveniente. Lo aguardó en casa, acompañado de su mujer, su niño, y Fernando y Salomón, sus cuñados.

A las ocho y media de la noche, Miguel Ángel abrió la puerta a tres hombres y una mujer. Uno de ellos se presentó como Víctor Arriaga. Era Juan Carlos García Montante. Miguel les pidió que se acomodaran en la sala, en tanto iba por el álbum con las fotos de los perros.

De vuelta con el libro, observó a uno de los sujetos y a la mujer apostados delante de la puerta de la casa. Súbitamente, lo sobresaltaron unos brazos apretándole el cuello. El malhechor mostró el cinto y el arma. Forcejearon. Escapó un tiro que traspasó una pierna y un pie del agresor.

Las personas apostadas en la puerta desenfundaron sus armas y sometieron a Miguel en el piso. Al oír la detonación, Salomé, que reposaba en su recámara, bajó con uno de sus hermanos, se adentró en la trifulca y de pronto se vio en el piso al lado de Fernando, ambos atados de pies y manos. Salomón bajó las escaleras con el bebé en brazos, aterrorizado.

Margarita, la vecina, había escuchado el balazo y quiso saber de qué se trataba. La mujer delincuente le abrió la puerta de la casa y la tranquilizó. Margarita se marchó. Los maleantes optaron por llevarse a Salomé y al bebé, todos a bordo de la camioneta del dueño de la casa.

Margarita pidió la asistencia urgente de la policía, que llegó de inmediato con tres patrullas de Seguridad Pública y una de la Judicial. Las fotos de Salomé y su bebé circularon entre los agentes.

A las diez de la noche se comunicó García Montante con Miguel Ángel. Le reclamó el retiro inmediato de la policía y amenazó de muerte a su esposa y al crío, si no cumplían sus exigencias. Habló de rescate. Sería alto.

Antes de llegar a la casa de seguridad, Salomé se dio cuenta de que sus captores acudían a una farmacia por analgésicos, gasas, desinfectante, para curar al asaltante herido en el pleito. Sabría que se trataba de Fernando Caudillo Rodríguez, sujeto que dividía el tiempo entre los secuestros y la venta de zapatos en los tianguis.

Ya en la casa de seguridad, Salomé ascendió entre empellones por una escalera de caracol, la cabeza cubierta por trapos que la cegaban. Fue arrojada a una colchoneta en un cuarto estridente, la música de rock a un tono insufrible. Pronto fue encadenada de un pie a la pata de un mueble. Y luego, encarada por el jefe de la banda. "Sabía todo", le dijo. El interrogatorio estaría de más pero si mentía, pues no pararía la golpiza. Quería confirmar si su esposo trabajaba en medios de la prensa. Al escuchar su negativa le dijo que le tomaba el pelo y la azotó contra la pared. Enseguida la encerraría en la jaula.

Más tarde le llevaron al bebé para que lo amamantara y le cambiara el pañal, que le dio Gualberto Iván Berdejo. A la custodia de la señora se había agregado Aarón Álvarez Moreno, compañero en el levantamiento de Gustavo, hijo de un peletero de la calle Ferrocarril, en la colonia Casas Alemán. De la intentona del plagio no habían obtenido un quinto. Un testigo había anotado las placas del vehículo y habrían de darse por fracasados. Para compensar a Berdejo y Álvarez Moreno, los Montante los habían invitado a secuestrar a José Felipe Alberto Farra, en el estacionamiento de Bellas Artes. Por el trabajo, emergentes, habían cobrado 150 mil pesos.

Los captores-cuidadores de Salomé pasaban el tiempo jugando Nintendo, fumando mariguana y divirtiéndose con bromas infames. También veían televisión. Salomé pudo mirarlos una noche. Se bajó la venda de los ojos, despacito, precavida. Ellos le daban la espalda, pero la pantalla quedaba al frente y ahí vio reflejados los rostros de sus captores. Más tarde, habría de identificarlos.

Como las negociaciones no caminaban en el sentido que la banda quería, Salomé fue liberada sin el bebé. Cautiva la criatura, los delincuentes no corrían el riesgo de una delación. Así, soltaron a la madre y le entregaron 400 pesos, una chamarra negra, una cachucha, unos lentes y un celular. "Junte", fue la expresión que escuchó al salir de la casa de seguridad.

La primera vez que le hablaron los plagiarios pudo informar que ya llevaban 96 mil pesos reunidos. Que siguiera juntando, le gritaron, si quería conservar la vida del bebé. La madre pidió una prueba de vida. Días después, los secuestradores le indicaron que fuera a una caseta telefónica en Calle Norte 88, esquina Talismán. Ahí hallaría una ficha de paquetería del Carrefour Penitenciaría y recogería una caja envuelta para regalo. Se trataba de un video del bebé, la prueba de vida que demandaba.

La familia sólo reuniría 159 mil pesos, que habrían de ser acomodados en fajos de 10 mil, envueltos en papel aluminio y ocultos en una mochila escolar negra. Llevarían el dinero en un Chevy azul. Tomarían Indios Verdes por Santa Isabel Tola, doblarían hasta llegar a la casa de sus papás y darían diez vueltas a la manzana. Regresarían por la ruta de Indios Verdes, derecho por la carretera México-Pachuca. Ahí divisarían una gasolinera. Siempre a la derecha, llegarían al retorno de San Juan Ixhuatepec. Circularían por la calle Girasol, que se prolonga en un descenso, al que sigue un ascenso. Ahí se puede observar un fantasma (reflejante) triangular. En ese punto preciso dejarían la mochila y el celular. La entrega del niño quedaría pendiente.

Cuarenta y ocho horas después, le indicaron al esposo de Salomé el paradero del menor: calle Francisco Coss, colonia Martín Carrera. Observaría un Volkswagen rojo, levantados los seguros de las portezuelas. El padre se aproximó a su hijo, temblando. Lo vería maltrecho, sucio. Quizá durmiera.

* * *

Fernando Martínez Juárez cuenta que su hija, Angélica, lo llamó una madrugada de noviembre del 2001. Descompuesta la voz, anegada en llanto, le informó de su secuestro y le pasó el celular a uno de sus captores. Éste confirmó el plagio. "Nos hicimos de palabras —refiere el padre—. Le dije que si tocaba a mi hija era hombre muerto. Me insultó y dejó muy claro que era él quien daba las órdenes.

"Llamó veintinueve horas después. Exigió 2 millones y medio de pesos. 'Júntale, hijo de tu...', y cortó la comunicación.

"Al día siguiente, entre injurias, me preguntó cuánto dinero había reunido. 'Setecientos mil', le dije. La respuesta fue obscena y me advirtió que no aceptaría intermediarios entre nosotros. Sólo hablaría con Roque y, de no escuchar ese nombre, debería colgar.

"Puse en venta cuanto tenía, contraje deudas hasta el límite de mi capacidad, millón y medio. Roque se animó: 'Júntale, júntale aunque te tardes, no importa'. Le rogué que concluyéramos la negociación cuanto antes. Mi hija padecía claustrofobia y yo temía reacciones que pudieran desquiciarla para siempre.

"Recuerdo un jueves. El negociador me advirtió que, de no contar con más dinero el viernes, tendríamos que esperar a la siguiente semana. Ni él ni su grupo trabajaban sábados ni domingos. Respondí que remataría mi casa por lo que fuera y que podríamos comunicarnos el viernes al mediodía. Me dijo que ya no había tiempo.

"A las once de la noche del viernes reuní milagrosamente los 2 millones y medio que me devolverían a mi hija. Siguieron trámites. Debería viajar en un Volkswagen sedán blanco. Los billetes los apretaría en fajillas de 10 mil, envueltas por separado en papel de estaño. Conduciría solo.

"Respondí que no podía manejar, recién operado como me encontraba. Autorizó la compañía de mi yerno, Daniel Gudiño. Ya rebasábamos la una de la madrugada del sábado. Siendo tan tarde, le hablé a Roque del peligro que significaba viajar con tantísimo dinero. Al amparo de la soledad, las calles vacías, cualquiera podría asaltarnos. 'No te preocupes —respondió tranquilo—. Las patrullas de Seguridad Pública trabajan para nosotros. Tendremos escoltas.'

"Iniciamos nuestro recorrido en Río Churubusco, a la altura de Tezontle, de ahí a Río Frío. Luego fuimos por Bulevar Aeropuerto y todo Circuito Interior hasta Insurgentes, por Indios Verdes. Al llegar a una gasolinera se nos emparejaron dos vehículos del estado de México.

"Arrancamos, ahora escoltados también por un Ford Falcon rojo, de los viejos, y dos sujetos a bordo. Al Volkswagen viejo en el que viajaba con mi yerno no le prendía una de las calaveras. El resguardo criminal que nos amparaba pasaría por alto esa infracción y lo que fuera.

"Durante el trayecto conocí al verdadero Roque. Se trataba de Juan Carlos García Montante. Ordenaba: "Tomen la carretera México-Pachuca hasta un letrero de cerveza Sol y luego por un retorno a la izquierda y enseguida a la derecha hasta la parte más alta del cerro de San Juan Ixhuatepec". Al llegar a la calle Gaviotas veríamos un fantasma en forma de triángulo. Era la señal, la última. Ahí, la voz definitiva: 'Dejas el dinero y te pelas'.

"Luego: 'Ya cumpliste. Sólo queda contar el dinero y soltamos a tu hija'.

"Al amanecer, en un taxi, llegó mi hija a la casa. Lloré al escucharla. Gualberto Iván Berdejo Flon, uno de sus captores, la golpeaba con los puños y animaba a los demás para que también le pegaran. Un día le quemó la cadera izquierda con un objeto ardiente. Por la cicatriz que le dejó el fuego, sabría que le había plantado una plancha al rojo vivo. El propio Berdejo Flon la obligó a desnudarse para humillarla. Por horas y horas no la tocaba y luego se lanzaba contra ella. Se burlaba de su víctima y la obligaba a inflar los cachetes. Hinchados, le tronaba las mejillas."

* * *

Bulmaro Mendoza López, el Rocky, le "ponía" a Juan Carlos García Montante los sujetos a modo para secuestrarlos. "Consígueme datos de gente de La Viga o la Central que tenga mucho dinero", lo orientaba el jefe.

Gualberto Iván Berdejo Flon, alias el Terrible Iván, declaró que un día un Cirrus blanco arribó a su centro de operaciones. Sus cuatro tripulantes descendieron rápido del vehículo y se identificaron ante los Montante con credenciales metálicas y un tarjetón. Se trataba de agentes de la Judicial Federal. Estaban enterados de su negocio y sabían, de buena fuente, que "iba a haber nuevo desafane". Detenidos, irían a la procu.

Juan Carlos les pidió un tiempecito, una oportunidad. Fue por su Ford Focus negro, reluciente, y entregó las llaves a los judiciales. Además, acomodó, ostensibles, 200 mil pesos debajo del tapete. La factura, endosada, la metió al fondo de la guantera.

* * *

Fue un mes de terror para María Areli Rivera López. Cinco sujetos y una mujer vigilaban el restaurante "El Naranjo", propiedad de su marido, Uriel Martínez Toledo. Ella recuerda que se orinaban en la entrada del local y la amenazaban, masturbándose. Cuenta: "Al llegar a un tope, me sacaron de mi coche y me aventaron en la parte trasera de la camioneta que yo manejaba, propiedad de mi marido. Eran más de diez. Me ensordecían sus gritos y la amenaza de que me meterían un plomazo a cuenta de lo que fuere. Fui a una casa de seguridad en Tláhuac. Llamaron a Uriel exigiéndole 3 millones de pesos por mi libertad".

"Un sujeto me quemaba los pies con un encendedor o un cerillo. Se fascinaba con mis piernas sobre sus muslos y un día me violó. Me daba cachazos en la cabeza y patadas en la espalda, a la vez que me ordenaba no decirle nada al jefe porque, de hacerlo, me mataría. Se drogaba con mariguana. El cuarto apestaba.

"Así me amenazaban: 'Si tu esposo no paga, te vamos a matar o, mejor, te vamos a cortar por cachos'. Enseguida escuchaba que me iban a cortar una pierna o un brazo hasta que le mandaran la cabeza y luego irían por los cachos de mis hijos."

Este sujeto, de apodo el Tacón, les decía a sus compañeros que la asesinaran de una vez, ya que el cabrón no quería pagar. "Algunas veces me bañaban y me invitaban al horror. Había segundos de calma, voces que parecían de personas: 'Nosotros te tenemos que pegar porque es nuestro trabajo, comprende'.

"Me liberaron en un lote baldío luego que mi esposo pagara al Ray 815 mil pesos y entregáramos todas nuestras alhajas."

* * *

Fernando Caudillo Rodríguez, preso siete años por los delitos de robo con violencia y portación de arma prohibida, conoció a Julio César García Montante en el Reclusorio Oriente. Su amistad se trabó, sólida. Serían cómplices.

Fernando saldría pronto de la cárcel y tuvieron tiempo para planear acciones en la calle.

El Caudillo, nombre de guerra de Fernando, entró en contacto con Martín Eduardo García Montante un cuarto de hora después de haber quedado en libertad. Con las cartas de presentación que llevaba, la banda lo acogió con entusiasmo.

Su primera víctima fue Miguel Ángel Enríquez, atrapado cuando circulaba en su auto Mystique por las calles de Manuel Acuña y Turitzio, en la colonia Palmitas, Iztapalapa. Apostados afuera de la panadería 'Lecaroz', Gualberto Iván Berdejo, vestido con una gabardina negra bajo la que ocultaba un rifle R-15, de uso exclusivo para el Ejército, Martín Eduardo García Montante, armado con una subametralladora 9 mm, Omar García Montante y Fernando Caudillo Rodríguez, provistos también con armas de grueso calibre, esperaban a su víctima. Cuando el Mystique estuvo a la distancia conveniente, cerraron el paso al vehículo y amagaron a su conductor.

Miguel Ángel Enríquez desapareció para siempre. No hubo negociación, no se desató el terror telefónico. Los plagiarios medirían sus fuerzas, unidos por vez primera. Se probaban.

* * *

A Juan Carlos García Montante le costó 2 millones de pesos liberar del Reclusorio Oriente a su hermano

Omar. Fue el precio que cuatro funcionarios del Gobierno del Distrito Federal: Salvador Enríquez Hernández, José Arturo Xicoténcatl Esparragoza, Jesús Demetrio Gutiérrez Rojas y Noemí Andrade Hernández, adscritos al penal capitalino, le pusieran a una firma falsificada en la boleta de libertad. Tras la fuga, Omar y Juan Carlos perpetraron otros cinco plagios.

Los cuatro fueron detenidos en julio del 2001 por la fuga de Omar. El juez cincuenta de lo penal les impuso una fianza y quedaron libres en el 2003, según el expediente 119/01. El problema consiste en que un reo de alta peligrosidad cruza la puerta del penal como Pedro por su casa y desaparece. Libre, se reencuentra con su grupo y organiza plagios que dejan en veintiocho el historial delictivo de la banda, además de seis asesinatos. "Actualmente no hay nadie que esté pagando la fuga de Omar García Montante", consta en la declaración emitida por un funcionario de Readaptación Social del Gobierno del Distrito Federal.

Desde entonces no ha habido autoridad que trate el asunto. Su estrategia ha sido la del avestruz.

El que sí habló fue Juan Carlos.

"La maniobra para liberar a mi carnal la hicimos en la cárcel. A Omar le consiguieron la boleta falsa. A mí sólo me dijeron que llegaría un sujeto afuera del reclusorio y a él había que entregarle el dinero. Llegando le marqué por teléfono al tipo. Todo fue así, sencillo, los 2 millones en una bolsa grande. Me dijo: 'Ahorita sale'. Omar salió como si se hubiera tratado del director del penal."

Juan Carlos obtuvo el dinero para sobornar a las autoridades penitenciarias de uno de sus secuestros, el mejor, perpetrado a un empresario árabe. Lo aterró directamente, sin negociación de por medio. El empresario le firmó un cheque por 5 millones y medio de pesos. Temblando, suplicaba y lloraba para que no le hiciera daño.

Declaró Juan Carlos:

"A ese güey yo lo agarré al azar, una vez caminando por Interlomas. Yo lo vi y lo seguí hasta los linderos de una casa, quizá la suya. Yo buscaba un lugar para capturarlo sin necesidad de agarrarme a balazos. Así me lo llevé. Era una hoja, tiemble y tiemble. Me dijo que tenía en su chequera 5 millones de pesos, le dije que pusiera medio millón más, me dijo que sí y yo los acepté. Fue una negociación súper tranquila. Hice el cobro al otro día".

Además de las declaraciones de Juan Carlos a la Agencia Federal de Investigación (AFI), informes de la PGJDF señalan que, tras ser recapturado, Omar relató que "el 5 o 6 de enero de 2001" un interno llamado Ernesto Pérez de la Cruz, el Pelotas, le dijo que "tenía a una persona muy efectiva que podía sacarlo del penal". El "contacto" fue un abogado manco. Era un enlace seguro del área jurídica del penal. Fue él quien ofreció a Montante entregarle su carta de libertad a cambio de 2 millones en efectivo.

En sus declaraciones, el plagiario contó que, ante la oferta, buscó rápidamente a su hermano Juan Carlos para decirle que urgía entregarle el dinero al abogado. "Mi hermano le pasó el dinero en un lugar, acerca del cual se habían puesto de acuerdo. Luego el abogado me mandó la boleta con mensajero y me mandó decir que no me pusiera nervioso cuando saliera. Que pasara como si nada por los puntos de revisión."

Y así lo hizo: cuando le entregaron su boleta de libertad, el plagiario, que en aquel entonces tenía veintiún años, salió caminando por la puerta principal de visita del Reclusorio Oriente.

Al primer taxi que vio pasar le hizo la parada.

"Lléveme al metro Constitución de 1917", le dijo al chofer. Ahí reiniciaría su vida criminal.

* * *

Antes de su aprehensión definitiva, Juan Carlos y Omar García Montante entregaron a agentes de la Procuraduría General de Justicia del Distrito Federal 5 millones de pesos en efectivo, 10 automóviles, oro y alhajas como precio por su libertad.

No se resistieron a la extorsión. Pensaron que les quedaba abierta la carrera criminal y ya se repondrían con nuevos raptos y asaltos.

De acuerdo con los datos que aportaron los expedientes PGR/UEDO/099/2003 y PGR/SIEDO/UEIS/069/2003, el soborno de los agentes fue revelado por Fernando García Montante. Declaró que Juan Carlos fue apresado por agentes de la Policía Judicial del Distrito Federal en enero del 2002. La detención ocurrió en la zona de restaurantes de mariscos de La Viga. "Me torcieron", le dijo a Fernando entonces y le aclaró, sin fuerza para la ira: "No hubo bronca porque hubo baile".

"Mi hermano —contó Fernando— había entregado a los judiciales 5 millones de pesos en efectivo, cinco vehículos, entre ellos un Focus ZX3, un Spirit, un Shadow, y joyas. Lo soltaron y él se fue a Sinaloa."

Atrapado Juan Carlos, agregó su hermano, los agentes le dijeron: "Sabemos quién eres, cabroncito". Y sin más, ejercieron el chantaje. La entrega de los vehículos y los bienes tuvo lugar en el estacionamiento de "Gigante", cerca del metro Oceanía.

Juan Carlos García Montante viajaba a Sinaloa y regresaba a la ciudad de México para cometer un nuevo secuestro. Él negociaba y asignaba las tareas. Su autoridad no se discutía ni estaba en juego, por su trayectoria criminal: al menos ocho asesinatos y múltiples robos, uno de los cuales ya lo había llevado a prisión en 1998.

Prófugo hasta el 23 de octubre de 2005, fue capturado por judiciales de la AFI. Un descuido trazó su destino. En el Juzgado Dieciocho de Distrito de Procesos Penales Federales escuchó su sentencia: sesenta y seis años de reclusión.

Otro fue el caso de Omar García Montante. Sin negociación alguna, entregó cinco automóviles y parte del dinero. Policías tan corruptos como él lo engañaron. Y se puso a disposición.

Los cinco coches eran modelos del 2001 al 2004 y pasaron de mano en un centro comercial de la calzada de los Misterios. Así también fueron entregados dinero y joyas.

Omar abandonó el centro comercial y, una hora después, otros judiciales llegaron y lo arrestaron. Hoy está preso.

* * *

Juan Carlos García Montante solventaba los gastos de seis casas de seguridad en el estado de México y el Distrito Federal. Para él eran refugios; para sus víctimas, cárceles.

Contaba:

—Puedo pasar, por decir, no sé, por una calle y si veo un carro lujoso me quedo a checar al dueño, lo estudio, veo sus movimientos, veo su casa o lo sigo hasta donde vive, veo a qué hora sale y veo el momento preciso para agarrarlo. Pero a algunos los hemos agarrado nada más al azar: vemos un carro bonito, nos le cerramos, nos bajamos y vas pa' arriba.

—¿Cuánto pedías por ellos?

—Mis cifras andaban entre 1 millón, millón y medio… hasta 5 millones y medio, que fue lo que más cobré, con el árabe.

—¿En qué te gastas el dinero?

—Me ha gustado darme la buena vida: andar en las playas, comprarme coches, buenos relojes: Rolex, Longiness, Rado, Cartier, así como buena ropa, le meto buen equipo a mis carros, hasta 50 mil pesos en equipo le he metido a un carro. Eso y las borracheras: me gusta irme a los pinches *table dance*, llegar y derrochar. En una peda me llegaba a gastar 30 mil, 40 mil pesos.

BANDA DE LOS COLINES

Santiago Sánchez Espinosa era un parlanchín con pasión por la palabra puto y sus derivados. Decía puto para hablar de su último destrampe con sus amigos o una hora de puro sexo. La noche merecía el calificativo de puta y el amanecer también, puto amanecer. Junto con el vocablo se acostumbró a los salivazos y cuando los asuntos que le importaban le salían bien, nada como decir puta, putísima madre, húmedo el lenguaje. Miembro de una antigua banda de secuestradores, le gustaba lo que hacía, carcelero de no sabía cuántos hombres y mujeres sin suerte. Cobraba 20 mil pesos por cada trabajo.

Francisco Colín Domínguez, el Chale, comandaba el grupo criminal. Junto con su hermano José, el Cascajo, ponía el ojo en los candidatos a secuestro. Le gustaban modositos, se burlaba.

El Cascajo cumplía una labor que llamaba delicada: la negociación con los familiares de las víctimas. No era sutil, ni falta que le hacía ese toque de la inteligencia. Sus exigencias eran brutales, la amenaza del tajo que mutila sin piedad. También cobraba 20 mil pesos.

Juan Carlos Leyva González, el Chino, elegía las casas de seguridad para retener sin sospecha a los rehenes del grupo criminal. En ocasiones ofrecía su propio domicilio para tal fin.

Reyna Núñez Alanís y Jazmín Leyva Mendoza tenían su propio quehacer. Eran las encargadas de preparar la comida y de la vigilancia, por si acaso. Reyna era la concubina del jefe y Jazmín se entretenía con José Colín.

La banda operaba sobre todo en la región de Huau-
tla, en Hidalgo, pero no desdeñaba incursionar por
otras regiones, particularmente en el estado de México.
El grupo tenía sus reglas, de las que nacía la seguridad
con que operaba. El escenario de sus crímenes era des-
guarnecido y despoblado. No había horas más propicias
para sus desmanes que las de la madrugada, lejos de la
noche, lejos del día.

El 22 de diciembre de 2003, a las tres de la mañana, José Clemente Casillas Andrade tembló al verse
interceptado en el coche que manejaba, solo. Cerca de
su domicilio, en un tiempo que se podría contar en segundos, cuatro sujetos le apuntaron con sus pistolas y
le gritaron cabrón e hijo de la chingada como monólo-
go airado. Destrozaron los cristales del vehículo y se
apoderaron del volante. Dejaron abandonado su propio
automóvil.

Entraron por la fuerza en la casa de José Clemente
y quebraron cuanto encontraron a su paso. Frente a la
recámara de la señora, cerrada con llave, hicieron astillas
la puerta de madera que de nada podría protegerla. La
señora apenas sabía de sí. Embarazada, alto el estómago,
protegía y se protegía con su hijo, una criatura aún de
brazos. El niño lloraba más y más y la madre se enjuga-
ba las lágrimas, quería sonarse y no lograba limpiarse la
nariz. Apretaba a su hijo como si quisiera incrustárselo

en el cuerpo y prorrumpía en exclamaciones y un no, no, por favor, estoy embarazada de siete meses, no toquen a mi hijo, no toquen a mi marido, llévense todo y no diremos nada, nada, por favor, por favor.

La respuesta era terminante. Te callas, pinche vieja. A ti te la metemos si sigues con tus gritos. Poco después, secuestradores y secuestrados partieron a la casa de seguridad oportunamente dispuesta por el Chino.

Siguieron jornadas desfallecientes y, en el agotamiento físico, la consunción del alma. Los plagiarios se turnaban en el cuarto de las víctimas, encadenando el pie derecho de la señora a uno de los barrotes de aluminio de la cabecera del camastro. Le permitían mínima libertad de movimientos para conducirla al baño, siempre con los ojos ocultos bajo una tela gruesa y las manos amarradas en las muñecas. Su marido, también en la oscuridad, y con las manos inútiles, a veces podía atisbar a los secuestradores, aflojada la venda por los movimientos naturales de la cara y la pérdida de peso. Le dispensaban la cadena. Sabía que a la menor sospecha de un movimiento extraño, su esposa y su hijo caerían muertos.

No había más distracción que la televisión, obsesivas y sin tiempo las horas inmutables de sesenta minutos.

Aparece al fin el negociador, José Colín Domínguez. Exige 2 millones de pesos por la libertad de sus víctimas, como pudo haber demandado 20 o 100 millones. La cifra no importa. Importa la intimidación.

A su vez, los secuestrados, los familiares y el mundo amistoso que los rodea saben que nunca podrán alcanzar los 2 millones. No obstante, se aprestan a reunir lo que puedan en el término de unos días. Habrá que tranquilizar a los secuestradores, ofrecerles algo. Se hacen así de 27 mil pesos.

Colín Domínguez se enfurece, sin freno su escatología verbal. Te vamos a destripar, cabrona, le gritan a la señora. Hay alusiones a la sodomía, extremo de la sevicia.

Pronto los 27 mil suben a 47 mil, informa al secuestrador su contraparte. Ya ven cómo sí pueden, cabrones, responde el Chino.

Transcurren cuarenta y tres días y la suma crece a inauditos 500 mil pesos. En la puja dramática, todo tiene un precio: los ahorros, los automóviles, los televisores, las planchas, la ropa nueva o no tan nueva, el dinero futuro comprometido en el agio.

El medio millón pasó a las manos criminales, sin consecuencias la advertencia a las víctimas si denunciaban la historia que habían vivido.

Los miembros de la banda festejarían el éxito del secuestro, que dinero había quedado. Uno de sus miembros se divertiría en Acapulco, otro compraría un Volkswagen, otro se volaría con sus amigos revueltos con mujeres, uno protegería el billete para invertirlo en una pequeña granja de su propiedad.

Al cabo del tiempo, la complicidad los volvería a reunir. En un billar, sin prisa, extenderían su larga vista por los jugadores en distintas mesas.

Un plagiario le diría al otro, baja la voz:

—¿Te gusta ése?

—Órale.

BANDA DE CARLOS

La averiguación previa FSPI/73/702/07-15, de fecha 15 de mayo de 2007, cubre una historia de escalofriante sencillez:

Más o menos de veinte años, un sujeto llamado Carlos invitó a la hija de Arturo Carrión a un paseo breve. Se trataba de una persona bien plantada y de una jovencita agraciada de pies a cabeza. Arturo Carrión no tuvo objeción y la muchacha dejó su celular en la casa. No tenía caso llevarlo consigo.

Transcurrió un silencio largo que alimentaba la creciente turbación de su padre. A intervalos cada vez más cortos, miraba al celular como si quisiera obligarlo a que diera cuenta de su hija. De pronto y al escuchar el timbrazo largamente esperado, de un manotazo se llevó el teléfono a la oreja. Antes de que pudiera articular palabra, escuchó una voz que de inmediato le resultó abominable.

Fue informado de que la muchacha le sería devuelta a cambio de 5 millones de pesos. Arturo Carrión reaccionó en la derrota, la aceptación de un principio de negociación del que pocos escapan. Sin embargo, 5 millones de pesos correspondían a una cifra exorbitante, de la que carecía. Hablaron, si hablar se corresponde con la imagen de un boxeador con la guardia baja y la furia enfrente. Pactaron al fin: Arturo Carrión entregaría 58 mil pesos, 100 dólares y las joyas de la familia. Dichas las últimas palabras, el celular enmudeció.

En el tiempo de la angustia, llegarían finalmente las instrucciones definitivas:

En su propio vehículo, Arturo tomaría Insurgentes rumbo a Indios Verdes. Al llegar a cierta gasolinera, seguiría hasta Aurrerá. Ahí dejaría su carro para abordar un taxi que lo conduciría sobre la autopista México-Pachuca hasta un sitio conocido como "parada del gallo". En ese punto, y a la entrega del dinero y las joyas a un sujeto flexible y delgado sin mayor relieve que una cachucha roja, culminaría la negociación. Ya se encargaría el plagiario de cerrar el compromiso.

Los hechos siguieron por el camino del sufrimiento sin adjetivos para describirlo. Finalmente, desde quién sabe dónde, el celular volvió a escucharse en una última llamada.

La voz seca daba cuenta de que en el kilómetro 24+500 del Circuito Mexiquense, rumbo a Zumpango, el padre encontraría a su hija. Y le recomendaba que se apurara antes de que se la comieran los perros.

BANDA CHAMAPA

En su origen, hará por lo menos cuarenta años, no hubo autoridad atenta a los estragos que el secuestro provoca. Se lo veía con naturalidad, como al narcotráfico, que ya crecía frente a los ojos vacíos del poder.

Además, pocos se atrevían a denunciar el atropello de que habían sido víctimas y optaban por entenderse con los malhechores. Los policías se habían ganado la desconfianza de los ciudadanos y la buena fe del ministerio público estaba en entredicho. Antes que investigar a los probables autores de los ilícitos, solía recurrir a la amenaza y llegaba a la extorsión. El país priísta era uniforme, la corrupción de uno a otro de sus extremos.

Para los miembros de algunas bandas, el plagio era algo más que una manera de encarar la vida. Disfrutaban de su actividad siniestra e inventaban modos para saciarse en su propio sadismo.

La llamada banda Chamapa secuestraba a parejas de enamorados. El tiempo que fuera necesario, los mantenían con los ojos vendados y esposados de las manos. Escuchaban sus cuitas, su turbia conversación romántica, la desesperación que los llevaba a la violencia del lenguaje para volver a renovadas promesas de amor eterno. Los veían disminuidos, exhaustos, inevitablemente sucios, feos, a punto del juramento suicida que no cumplirían.

Todas las ventajas eran para la banda que marcaba el paso del operativo. Filmaba a los novios, grababa los diálogos y monólogos en los que una y otro caían, registraba las pesadillas del inconsciente. El espectáculo era cinematográfico.

Contaba la banda con el efecto devastador de los videos en manos de las familias atribuladas. Se desplomarían en la angustia y unirían su miedo en un solo pánico. De común acuerdo, inevitables la amargura y las tensiones, llegarían a una decisión para cubrir el rescate.

El punto elegido por los secuaces de la banda para llevar a cabo el acuerdo final se ubicaba en uno de los puentes de la carretera Chamapa-Naucalpan. Desde las alturas, harían descender un morral atado a una larga cuerda. En el interior del saco, los familiares de la pareja victimada depositarían el dinero que los verdugos reclamaban.

Entregaban el dinero. ¿Y después?

BANDA DEL CORONEL

Marcos Tinoco Gancedo o Marcos Gancedo Macerat, el Coronel, era el jefe de una peligrosa banda criminal. Admirador de la disciplina militar, se hacía seguir por treinta y cinco sujetos a los que hacía ricos. Eran suyos, y lo obedecían como un soldado a su oficial. Trabajaban concentrados en nueve células. No todas se conocían entre sí.

Astuto e imaginativo, percibió entre los hombres de la clase media alta una fuente de riqueza para la banda. Serían los afluentes de un río siempre henchido de agua.

Sólidamente instalados en el presente y asegurado su porvenir, las víctimas potenciales del Coronel disfrutaban de una vida tranquila. Contrataban choferes, no guardaespaldas endurecidos en el Ejército y dispuestos a todo con los puños y las armas.

Tinoco Gancedo los reduciría con la más sencilla técnica de la extorsión. A la luz del día, un par de sus secuaces iniciarían una conversación circunstancial con el infeliz señalado por el índice ominoso del jefe. Poco a poco irían violentando el lenguaje y poco a poco llegarían a la amenaza directa.

Dueños de alguna información sobre el sujeto, le dirían que estaban al tanto de su pasado y discurrirían vagas historias de las que pocos escapan, infidelidades y uno que otro negocio por esclarecer ante los amigos o la justicia. Ellos, los de la banda, pertenecían a un comando élite y necesitaban fondos para el área de los testigos protegidos por la Procuraduría General de la República. Sembraban el miedo, que crecería en espiral. Daban a entender que se movían entre el hampa que se oculta y la autoridad que se expresa. Ostensibles las pistolas en el saco de los plagiarios, la presa se entregaba.

El operativo, informarían los delincuentes a su familia, transcurriría sin sobresaltos y sería breve el tiempo del rehén en una inadvertida casa de seguridad. Nada habría que lamentar si el grupo élite contaba con la rápida entrega del dinero. No habría golpes, impensada la sangre. El rescate rondaría el millón.

Quedaba la advertencia:

En caso de un gesto de rebeldía o la sospecha de un aviso a la policía, la negociación quedaba rota. Vendría la bruma, la incertidumbre, el pánico por la tortura posible, el silencio. Y empezaría el conteo devastador: ha pasado un día, han pasado dos, tres, un mes, un año...

Tinoco Gancedo ordenaba a algunos de sus hombres que cortejaran a jovencitas adineradas para introducirlos en su ambiente. Ya en el interior de una de las casas seleccionadas por el jefe, el malhechor encargado del operativo iría conociendo los hábitos de la familia y los pequeños secretos entre los padres y los hijos. Preparaba el secuestro con tiempo, cuidadoso de los detalles.

Llegada la hora, la banda cumpliría con el ritual: el telefonema anónimo, el monto del rescate, la entrega del dinero con algunos datos esenciales y la amenaza siniestra.

Pasado algún tiempo sin noticia de los plagiarios, el silencio y sus presagios para doblegar aún más el ánimo de las víctimas, volvía la voz brutal, el telefonema esperado como una paradójica bendición. Se trataba de que las partes precisaran los detalles últimos del rescate.

La entrega del dinero tendría lugar en el restaurante California, en San Jerónimo. Los billetes serían acomodados en una bolsa de Liverpool a la vista de todos, sobre la mesa seleccionada por los estrategas de la banda.

A la hora convenida se presentaría ante sus víctimas un hombre sonriente, de buen humor. Saludaría con naturalidad y ocuparía un lugar en el desayuno. Comería contento, sin prisa, y antes de retirarse bebería una larga taza de café para asentar el desayuno.

BANDA DEL CESARÍN

La noche del 11 de mayo de 2007 no parecía distinta a cualquier otra noche en la ciudad de México. Luis y

Claudia, jóvenes enamorados de veintiún años, llegaban a su casa dispuestos a disfrutarse. No imaginaban que, al descender de su automóvil, se adentrarían en otra dimensión: la del terror.

Entre empellones y maldiciones, facinerosos nacidos de la sombra inmovilizaron a la pareja en la parte posterior del carro. Echados sobre ella y sobre él, los paralizaron con la pesantez de sus cuerpos. A Claudia, largos dedos que se multiplicaban empezaron a recorrerla, ya descubiertos los pechos. A Luis lo golpeaban donde cayeran los puños.

Luis no sabía qué hacer con él mismo, sintiéndose obligado a cargar con su propia pesadilla y aliviar la de su esposa. Claudia temía la violación. Pensaba en ella misma, pero sobre todo en su esposo. En el futuro podría verla disminuida, otra mujer.

En el trayecto hacia quién sabe dónde, los secuestradores les exigieron que mantuvieran los ojos cerrados y guardaran silencio. Aun sin proponérselo, se negaban a mirar el horror que los rodeaba, apretados los párpados. El silencio, en cambio, les era imposible. Estallaban en su angustia frases inarticuladas, gemidos que expresaban dolor.

Al final del trayecto, contemplaron un cuartucho en la penumbra y sintieron la peste. Al fondo observaron una bacinica.

Una adolescente, la voz fresca, propia de la juventud, les dictó la sentencia:

"A ver si sus familias aprecian sus pinches vidas, cabrones. Pero sépanlo, o hay dinero o habrá muerte".

Una delación furtiva llevó a la captura de la banda. Cayeron todos, salvo el jefe, César Alberto Díaz.

Integraban el grupo: Soraida, alias la Tuerta; Luis Alberto González, alias el Rata; Carlos Antonio Díaz, alias el Perro; Miguel Ángel Hernández, alias el Monstruo; Eduardo López, alias el Ogro; Miguel Ángel Pérez, alias el Eskato; Ízale López, alias la Bestia; Jorge Olvera, alias el Vampiro; Mario Alberto Nieto, alias el Marrano, y Luis Julián Vargas, alias la Muerte.

TIJUANA

Tijuana es una ciudad sin ley, sostiene Adela Navarro, codirectora del semanario *Zeta*, reconocida con el Premio Internacional de Libertad de Prensa que otorga el Comité para la Protección de Periodistas (CPJ) con sede en Nueva York.

Me dice que apenas si hay denuncias sobre secuestros en la procuraduría del estado. Explica enseguida: la policía ministerial es ostensiblemente corrupta y al grupo antisecuestros lo ataca el mismo mal. A los secuestradores, a los judiciales, los aprieta un nudo ciego.

Las investigaciones de *Zeta* han hecho pública la complicidad flagrante entre bandas opuestas que conviven. También han difundido que el secuestro es la caja chica del narcotráfico. En Tijuana no hay redes de bandas tan organizadas como en el estado de México, Michoacán o el D. F. Los plagiarios trabajan de prisa y obtienen 20 mil o 30 mil dólares por secuestro. Esto es así porque los narcos continuamente necesitan dinero para comprar armas: el Ejército tiene éxito en el decomiso de arsenales, y los plagiarios no pueden vivir inermes.

Dice Adela Navarro que es muy bajo el nivel de aprehensiones relacionadas con el cártel de los Arellano Félix: y es que la autoridad forma parte de la estructura de ese grupo criminal. En la corrupción generalizada, investigaciones del semanario *Zeta* han llevado a sus periodistas a identificar a miembros del crimen organizado con las autoridades.

Hace dos años o más, los narcotraficantes obtenían ese dinero, necesario para la compra de armas, por dos vías: secuestros rápidos y asaltos a camionetas que transportan valores. En el último año, los plagios se han impuesto por la facilidad que existe para cometerlos y la impunidad garantizada.

Como ejemplo, la subdirectora de *Zeta* cuenta de un secuestro en Rosarito, distante treinta kilómetros de Tijuana. La familia de la víctima pagó 40 mil dólares como rescate, que los delincuentes invirtieron de inmediato para hacerse de armamento en los Estados Unidos.

"Supimos de este caso —dice la señora— por la detención de un par de plagiarios que, cuarenta y ocho horas después de haber cometido el delito, ya habían comprado las armas para el grupo criminal. No obstante, pues así se dan las cosas aquí, la víctima no fue liberada. En Tijuana, hay secuestradores narcotraficantes que piden rescate dos o tres veces por la misma persona. Si la paga es pronta, coligen que los familiares tienen bienes y dinero. Esto provoca que a la familia le reclamen más y más. Existe otra opción: en vez de la suma fuerte por un rescate, cuotas en promedio de 10 mil dólares mensuales, a cambio de permitir a los agraviados que vivan en paz."

* * *

Legataria de los ideales de Jesús Blancornelas, fundador de *Zeta*, siempre decidido en su lucha contra el narco, baldado por los asesinos y protegido hasta el último minuto de su vida, dice Adela Navarro:

El número de secuestros que admite la autoridad judicial en lo que va del 2009 hasta mayo es el siguiente: ocho en enero, diez en febrero, dieciséis en marzo, siete en abril y diez en mayo. Las investigaciones de *Zeta*, a través de sus contactos en las procuradurías —del estado y la General de la República—, en la policía municipal, en las organizaciones civiles y también en fuentes del crimen organizado, difieren de los datos oficiales. Cuando la procuraduría estatal reconocía diez secuestros en mayo, *Zeta* sabía de treinta y cuatro.

Cuenta:

"Un viernes de mayo, ya en la calle el semanario, se comunicó con nosotros una señora de la clase media y nos dijo, helada la voz:

"'En la mañana vi una camioneta abandonada frente a mi casa. Me acerqué al vehículo y escuché un ruido dentro. Llamé a la policía, pero no acudió. Entre varios vecinos, abrimos la cajuela del vehículo y encontramos a un muchacho con un balazo en la pierna, mutilado de dos dedos, maniatado, la boca y los ojos vendados. Dijo que ese día lo habían liberado, aventado frente a mi casa. Los secuestradores dejaron las llaves del carro puestas en el switch. El muchacho estaba aterrado y, después de que lo desamarramos, como pudo se fue manejando el vehículo'. Este caso nunca formó parte de la estadística oficial. Ni siquiera hubo manera de conocer la identidad del muchacho. Huyó, su miedo repartido entre los secuestradores y los policías".

Refiere Adela Navarro:

"A la redacción de *Zeta* llegan correos electrónicos de padres desesperados: buscan a sus hijos, pero no quieren acudir a la policía, y nos relatan su agobio. La sociedad tijuanense es sensible a la corrupción que la atrapa".

* * *

La periodista ingresó a *Zeta* en 1990, el cártel de los Arellano en pleno apogeo. Las escoltas de los delincuentes eran policías judiciales, hoy "ministeriales". Era arduo su quehacer: cuidaban a los narcotraficantes en sus desplazamientos por la ciudad, les abrían el camino, eliminaban a sus contrarios de otros cárteles, cobraban cuentas pendientes. Cuando el PAN arribó al poder, cambiaron de nombre a la policía del estado, pero no hubo renovación de cuadros, y persistieron aquellos que apoyaban a Benjamín y Ramón Arellano y que ahora obedecen a quien se encuentra al frente de la organización. La policía ministerial, ciertamente, no ha sido depurada.

Se han conocido nombres de policías, pero sólo cuando se los ha sorprendido in fraganti. Hace poco aprehendieron a un policía ministerial con trescientos kilogramos de mariguana y armas en su casa. Identificó tres casas de seguridad con personas secuestradas. Confesó que el crimen organizado le pagaba mil dólares mensuales por sus servicios y le otorgaba, además, permiso para secuestrar. Solicitaba autorización para delinquir, y lo obtenía a cambio de entregar un porcentaje de su ganancia por el ilícito cometido, previo pacto con la organización criminal.

* * *

En Tijuana quedaron establecidas las diferencias entre secuestro, ajuste de cuentas y levantón. Éste se da cuando, resueltos al asesinato, los mafiosos cargan con una persona. La privación ilegal de la libertad es, llanamente, un ajuste de cuentas, cuestión de dinero: paga el inculpado o le esperan la tortura, las amenazas a la familia y la muerte. Si el deudor paga, recobra la libertad y es readmitido en el crimen organizado. El secuestro es sólo un negocio.

En un tianguis cercano a las oficinas de *Zeta*, un sujeto se encargaba de cobrar una renta a cada uno de los locatarios, hasta reunir 20 mil dólares mensuales que iban, íntegros, al crimen organizado. La mayoría de esos puestos ofrecía artículos de contrabando y mercancía pirata. Los vendedores pagaban una cuota por mes y protegían hasta a diez personas, que podían ser familiares, empleados o amigos. Fulanito está pagando, se informaba a los interesados. Y no había problema. Pero si no pagaba, los recolectores del dinero se comunicaban entre sí y si algunos olvidaban el compromiso, pronto caían, martirizados o muertos. En casos especiales, la droga podía sustituir al dinero.

Las autoridades observan una política tácita en cuanto al trabajo del grupo antisecuestros. En los casos del plagio de una persona honesta, cuya familia está resuelta a lo que hiciere falta para rescatarlo, el grupo colabora hasta donde le sea posible; pero en el de malhechores cómplices del crimen organizado, se limita a intervenir en la negociación del pago.

En Mexicali, donde convergen dos cárteles, el de Tijuana y el de Sinaloa, el secuestro se da en baja escala, no así en Rosarito, Ensenada y Tijuana. En todo Baja California se siente el miedo, se oye, se palpa, se huele. Muchos restaurantes, bares, cabarés, antros, discotecas y establecimientos nocturnos han quebrado. La gente ya no sale de sus casas, pero subsiste la esperanza de una vida menos aciaga. En los restaurantes empieza a notarse un ligerísimo repunte.

Refiere la codirectora del semanario:

"De septiembre del 2008 a enero del 2009 tuvimos una época terrible: se contabilizaron seiscientas ejecuciones. Se daban a diario: doce, cinco, diez, seis, ocho, siete ajusticiados. En Tijuana los comandos irrumpían en las casas, se apoderaban de las personas, las arrojaban a las cajuelas de sus vehículos y al día siguiente aparecían tiradas, muertas tanto en terrenos baldíos como en zonas pobladas. En el centro de una guerra entre dos células del cártel de los Arellano, que se disputaban la plaza, Tijuana padecía el horror.

"Empero, hubo una tregua. Bienvenida: las células se comprometieron a detener la ola criminal de los secuestros por la indignación que provocaban en la sociedad, vociferante contra una autoridad a la que exigía así fuera un mínimo esfuerzo en el cumplimiento de su deber. Al respiro siguió el desaliento, y ya vamos en la tercera tregua.

"El 26 de abril de 2008, las células pelearon a muerte por un secuestro y poco después volvieron a la guerra. En mayo del 2009 estalló la gresca de nuevo. Los comandos del Teo, Teodoro García Semental, secuestraron a gente de Arturo Villarreal, y Villarreal a gente del Teo. Aparentemente, hubo un arreglo. Ilusiones. A la semana siguiente de nuevo se dio un plagio estruendoso en la persona de un empresario."

—Y usted, señora, ¿cómo la pasa?

—Mi vida sigue como siempre, a la vista una autoridad blanda y un poderoso crimen organizado.

"Hace dos meses —cuenta—, fueron detenidos diecinueve policías municipales de Tijuana. *Zeta* tuvo acceso a los expedientes y los hizo públicos. Se trataba de empleados del narco, no del municipio, el alcalde sin poder sobre la fuerza pública y sin poder el gobernador. El contraste se da en el narcotráfico que corrompe, amedrenta, impone y mata. Continuamente nos contamos las mismas historias. Llegas a tu casa ya noche y te encuentras un comando, cinco o seis vehículos sin placa, con luces y estribos de emergencia, con sirenas ululantes. El comando no es policiaco. Es narco."

Jorge Hank reaparece en la vida pública. Señalado como delincuente, cancelada su visa para viajar a los Estados Unidos, es dueño de un equipo de futbol, los Xoloizcuincles, al que se asocia con el lavado de dinero. Su mujer, al lado, preside una fundación que auxilia a los marginados. Se dejan ver lo mismo en un juego deportivo que en una conferencia de prensa.

El pasado mes de junio llegaron los militares a su hipódromo. Pretendían hacer un cateo en el interior de su propiedad inmensa. El Ejército maneja un detector molecular, un aparato que delata la presencia de drogas y armas por medio de sonidos, y cuenta con siete variables aplicables a diferentes tipos de drogas. Al llegar al hipódromo, sonó la máquina de los militares. En pleno ejercicio de su trabajo, un oficial pidió autorización para entrar en el predio. Argumentó el mando militar que debían verificar las licencias del armamento en poder de los custodios del hipódromo. Debían, insistió, comprobar si operaban o no con facultades reservadas al Ejército. Finalmente, el contingente militar pudo acceder a un área menor del hipódromo de Hank. Ahí, nada encontraron. En las instalaciones importantes, como son las caballerizas, las pistas y las casas, no tuvieron manera de poner un pie. Hank paró en seco a los militares y no hubo autoridad civil que otorgara la pronta y pertinente orden de cateo.

Se da así un círculo férreo: el Ejército acude con el delegado de la PGR para gestionar la orden de cateo ante el tribunal de circuito. Llegado a este punto, éste instruye al juez para que conceda la orden de cateo, pero cuando ésta se da, los delincuentes ya tuvieron el tiempo necesario para ocultar las pruebas en su contra.

En abril o mayo fue detenido en San Luis Río Colorado el hijo de Antonio Vera Palestina, Jorge Vera Ayala, jefe de seguridad de Jorge Hank. Regresaba a Tijuana. Fue aprehendido con armas y cartuchos reservados para uso exclusivo del Ejército. Vera Ayala exhibió entonces una credencial de la Secretaría de Seguridad Pública del estado de México que lo presentaba como policía bancario y lo autorizaba para portar armas. Así, acude a los militares para corroborar la legalidad de su permiso. Sin embargo, la licencia colectiva de armas sostiene que únicamente pueden portarse en las delimitaciones conferidas en la licencia, el estado de México en este caso. Llevarlas consigo fuera de esa entidad configura un delito. No obstante la claridad del ilícito, un juez federal de Mexicali dejó en libertad a Vera Ayala, a cuarenta y ocho horas del suceso.

Expresa la codirectora del semanario:

"Jorge Vera Ayala estuvo dos días en prisión. Nosotros publicamos el expediente.

"En Tijuana —continúa—, la Policía Estatal Preventiva y la Segunda Zona Militar se acreditan como las corporaciones que han llevado a cabo el mayor número de detenciones, y los decomisos de armas, droga y de dinero más cuantiosos. Pero fuera de eso, las policías Ministerial, Antisecuestros, Municipal, Federal, permanecen totalmente corrompidas. Ahí, la justicia se atora".

En 2007, el Ejército decomisó dos kilogramos de cocaína. Este año lleva ciento cincuenta y muchas toneladas de mariguana y heroína. Frente a los secuestros, se han anotado catorce casos resueltos.

* * *

A principios del 2008, me reuní en Tijuana con el entonces jefe de la policía, Alberto Capella. El viaje no tuvo otro propósito que conocer, a través de una voz tan autorizada como la suya, las mil contradicciones en que se desenvuelve la vida en la ciudad fronteriza.

No había en ella figura como la de Jorge Hank Rhon, envuelto en el crimen, la riqueza, la arbitrariedad sin freno, el descaro, la exhibición del poder, la desvergüenza. De su existencia se sabe todo y no habría para qué repetirla ahora, salvo que el gobierno de los Estados Unidos le canceló la visa para mantenerlo apartado de su territorio. Persona non grata, en términos diplomáticos; inadmisible, dañino, en el lenguaje de todos los días.

Capella me anticipó que no duraría en el cargo. El hampa policial y la delincuencia organizada, unidos como un mal matrimonio, le permitían la claridad para escudriñar el futuro. En su pequeña oficina, blindada la puerta de acceso a un escritorio y algunas sillas, me reunió con un grupo de familiares de víctimas del secuestro, todos envueltos en la incertidumbre que tan a menudo convoca a la muerte.

Las víctimas contaban y contaban, la grabadora ahí, testigo fiel. Sin respuesta de los plagiarios, todo lo habían vendido para cubrir el rescate de los seres amados. Contaban y seguían contando que habían contraído deudas que quizá nunca pudieran saldar, pero nada importaba frente a la expectativa de besar con ánimo rejuvenecido los rostros inolvidables.

En voz baja e impersonal, pregunté:

—¿Y Hank?

Una mano se acercó a la grabadora y apagó el pequeño aparato.

—Señor —dijo—, no queremos hablar de Hank. Le tenemos miedo.

En San Diego, también acompañado por Capella, me entrevisté con otras víctimas del secuestro. Una señora de cabello corto y aretes llamativos, de mirada directa y facciones atractivas, habló por todas. Le dije que era hermosa, grata. Me respondió que buscaba afirmarse en la vida de la mejor manera posible y que por eso se vestía de claro y colores alegres, que "él" habría de contemplar y festejar algún día.

—He de recuperarlo y por eso trato de conservar la juventud hasta donde sea posible. Ha de saber usted, señor, que el luto nos arruga, nos saca canas, nos envejece y va matando.

Vi sus lágrimas a punto de resbalar por su rostro delgado y le dije:

—Llore, señora.

—Si no dejo de hacerlo.

Contó, finalmente, que, auxiliados por las autoridades de San Diego, asistían a sesiones de terapia. Ésta era la razón por la que el psicoanálisis les era familiar, un camino en la sombra que busca claridad.

—¿La encontraremos? —me preguntó.

—No sé.

* * *

Acompañado por Adela Navarro, me vi con un amigo de su infancia. Dueño de un restaurante a un lado de la carretera que va de Tijuana a Rosarito, se mostró dispuesto a confesar:

—¿Por qué no denunció el secuestro de su hijo?

—No podíamos.

—¿Por qué no podían?

—Nos estaban amenazando. Se lo llevaron un miércoles de abril, a las nueve de la noche. A la una y media me llaman: "Yo tengo a tu hijo. Si vas a la policía o piensas hacer algo, una demanda o lo que sea, lo matamos. Cómprate un radio, te vamos a llamar, yo mañana te hablo". Al otro día, tempranito, me llamaron: "Ya te mandé un regalito". Resultaría un policía al que habían matado.

Entonces empezó a negociar.

—¿Le exigieron mucho dinero?

—Mucho. Pero no le voy a decir cuánto.

Le vi el rostro, alargado. Sentí su miedo.

—No me empeño en publicar su nombre —le dije—. Si así lo desea, lo omito. Permanezca tranquilo, le ruego.

—No, no, sigamos.

Pero su rostro continuaba aún largo.

—Hablábamos del rescate, señor.

142

Su mente ya iba por otro lado:

—A mi restaurante viene mucha gente. Antes la recibía con mucho gusto y atendía a la clientela de mesa en mesa. Ahora ya no. Viene menos, y miro con desconfianza. Me confundo yo solo. Ya no converso. Vigilo. Así no se puede, pero hay que seguir adelante, primero Dios.

"Varias veces pensé en la muerte y que mi hijo se había ido para siempre. Miraba su fotografía y pensaba: '¿Será posible que ya nunca te vuelva a ver, cabrón?' También pensaba en mi propia muerte, pues era yo quien habría de entregar el dinero. Mi hijo venía bastante mal, demacrado, muy sucio, sin zapatos, golpeado en los oídos, que le dolían. Lo habían vendado de los ojos, de la nariz, de las orejas, de las manos, las piernas, todo con cinta adhesiva muy apretada. Lo llevamos al hospital y salió bien, un poquito deshidratado, el azúcar elevada, pero todo se compuso."

Vi a mi interlocutor atento a su reloj. Por mi parte, detuve la conversación.

—¿No me va a decir, verdad?

BANDAS JUVENILES

Existen bandas de secuestradores atípicas en Iztapalapa. Una de ellas es la del Fede, en la que participan muchachos y niños que se entrenan con armas de alto poder. Se habla ya de niños asesinos, como en la época negra de Colombia, en los años noventa.

Un comando antisecuestros del Distrito Federal capturó a la mayoría de los integrantes de la banda del Fede. Sin embargo, dos de los líderes escaparon y sus vidas cayeron en el silencio. Un día, imprevisibles, reaparecieron al frente de nuevas organizaciones criminales. Éstas se multiplican y van extendiéndose inadvertidamente, igual que las epidemias.

De la banda del Fede surgió la del Ratón. De su casi disolución, dos sujetos quedaron libres, el Hugo Boss y el Giovanni. Este último operó desde hace unos quince años, aún joven. Estudió Psicología y métodos de manipulación. Buscaba personas de bajos recursos. Las envolvía con el atractivo lenguaje freudiano. Ya bajo su dominio, proponía a sus secuaces que guardaran a la víctima en las casa de seguridad de la banda, bajo su propio riesgo. Tras los golpes, Giovanni desaparecía.

Algunos de sus cómplices negociaban el rescate y otros lo cobraban. A Giovanni lo identificaban como el líder sin disputa, un absoluto. Ni sus cómplices alcanzaban a comprender cómo y por qué se daban sus apariciones súbitas y sus ausencias sin luz que disipara la sombra que lo envolvía.

La policía detenía a muchos, que encontraba en las casas de seguridad o las rondaban. Era un éxito, mas no significativo. Faltaban los jefes. El jefe.

La historia que sigue me la contó uno de los comandantes adscritos a la lucha antisecuestros (salvaguardada su identidad por razones irrefutables):

"Identificamos plenamente a dos secuestradores de Giovanni. Además, teníamos fotos y pormenores de la vida de otros dos que habíamos agarrado. A partir de una de las detenciones, obtuvimos el nombre del cabecilla, así como su domicilio y una copia de su licencia de manejar. Teníamos un rostro y avanzábamos en las pesquisas. Finalmente, confirmamos que se trataba de Giovanni. Pero Giovanni tenía un talento especial para ocultarse. Era como una noche que no se ve, porque lo que se ve es la oscuridad".

Giovanni creció como una figura deslumbrante para los chavos delincuentes de Iztapalapa. Inspirados en él, les era fácil levantar a una persona que tuviera tres o cuatro tortillerías o al dueño de un par de camionetas repartidoras de mercancía o a un sujeto dedicado al comercio de los abarrotes, allá por el rumbo de la Central de Abastos, para hacerse de 200 mil, 300 mil pesos.

Los muchachos y los niños van aprendiendo, pero no hay aprendizaje sin golpes. Muchos, fueron atrapados, pero, bien asesorados, eludían el castigo por su condición de menores de edad.

Conocí a un adolescente de catorce años, cautivo de un joven de diecisiete. Preso uno, guardián el otro. Largo tiempo quedaban solos y se aburrían. El victimario se distraía con un teléfono celular integrado a una televisión. Platicaban largo y, en una de tantas, el dueño del artefacto le explicó a su víctima el manejo del pequeño aparato. El mayor, ingenuo aún, pregunta a su inevitable compañero: "¿Quieres ver la tele?" Y luego le ordena: "Voltéate contra la pared, quítate la venda y mírala sin verme. No vayas a voltear. Mientras ves un programa yo me voy a dormir un ratito". Cuando el secuestrado escucha los ronquidos de su guardián, tiene en sus manos la llave para ganarse su libertad. Llamó a su madre, que posteriormente entregaría a los judiciales al torpe, crédulo plagiario.

En ese caso fueron detenidos, además, tres niños. Tenían distintas funciones dentro de la casa de seguridad, las mismas que se encomiendan a los adultos: vigilancia, preparación de alimentos, cobro de rescate. Sus edades iban de los nueve a los doce años. Los niños resultan útiles también en los robos, sobre todo de casas habitación, por el tamaño de sus cuerpos, que pasan sin dificultad por ventanas estrechas y resquicios por los que se antoja que sólo podría transitar el aire.

Con el tiempo, los noveles secuestradores van aprendiendo y se van endureciendo. Saben de la muerte en los tiempos para jugar.

Para capturar al resto de la banda infantil, y sobre todo a sus cabecillas, fue preciso hacer un seguimiento de las horas en que los niños salen a divertirse. Fueron grabados algunos videos en plena calle y las cintas fueron mostradas al denunciante niño, quien identificó perfectamente al que lo cuidaba, porque lo vio francamente dormido. Pero la detención del vigilante de diecisiete años ofrecía un problema adicional: cuando el plagiario cometió el delito, era menor de edad. Hubo que dejarlo ir y esperar tres meses para que cumpliera la mayoría. Entonces fue detenido, y ubicó otras casas de seguridad en Iztapalapa.

En otra de las casas aseguramos a cuatro menores más. Les fueron mostradas unas fotografías y admitieron haber sido enrolados por un chavo al que le dicen el Negro. Situaron el domicilio para garantizar la vigilancia y detener a los responsables de la casa. Aparecieron los datos de once hermanos, indagadas sus referencias a través del IFE, y fue posible identificar al líder, al que seguimos de cerca. Tenía un coche verde. Fueron rastreados los datos del vehículo, como si se tratara de una persona. Verificada la información, fue fácil llegar al domicilio preciso. Era Giovanni.

Fue trasladado a la procu. En el trayecto sonó su celular. Contestó un mensaje grabado que decía: "Éste es el número de mi nuevo celular. Atentamente, Giovanni". Era claro que a menudo cambiaba los números del celular. Y no hubo mayor problema para terminar con la pesquisa. Los comandos antisecuestros atraparon a otros siete chamacos.

Narra el comandante:

"Giovanni era escurridizo, llevábamos muchos años siguiéndolo, había dejado pistas inconsistentes de otros secuestros. El chico que detuvimos, el que hizo la llamada al celular, nos confirmó que Giovanni había matado a un secuestrado. Suponemos que éste se quitó la venda y cuando vio que su captor era un chamaco, se le fue encima. Pelearon, y Giovanni lo mató. La víctima tenía ochenta años. Después arrojaron el cadáver cerca de un tiradero de basura".

Es terrible mirar cómo nos vamos pareciendo a la Colombia de las peores épocas, las de la incorporación de los niños a delitos como el robo, el chantaje y el secuestro, sin pasar por alto a los pequeños sicarios, aquellos que asesinaban por encargo a cambio de unos dólares.

Está surgiendo una nueva modalidad del ilícito: la extorsión mediante menores de edad. Los jóvenes identifican a una persona con recursos, disparan ráfagas de metralleta contra su casa o el vehículo que manejan y huyen a toda velocidad en su propio carro. Posteriormente, llaman a sus víctimas, amenazantes: "Para la otra les vamos a dar de a deveras, así que éntrenle con tanto".

En busca de más información acerca de lo que vive Iztapalapa, pregunté si los niños y adolescentes delincuentes manejan armas de alto poder.

La respuesta fue contundente:

"Por lo regular, los muchachos están dirigidos por miembros de bandas muy fuertes". Son las famosas "mamás", que las hay en la cárcel y fuera de ella. "Estos cuates, las 'mamás', se dedican a robar vehículos y a prestar armas. También les enseñan, pero muchas veces son los propios menores infractores los que por sí mismos se inician en el manejo del armamento. Aprenden junto con sus hermanos, primos o amigos así sean menores que ellos.

"Existe un arma famosa, la ametralladora Intrapeg, de 9 mm. La distribuye una empresa no muy rigurosa, pero con una producción alta de ese tipo de armas. La fábrica se llama Intrapeg Miami-Florida. Ha habido muchas de estas armas entre muchachos y niños, cada vez más diestros en su manejo. También se valen de las comunes o normales, siempre a su alcance. Son las Colt .22 y .25. Las llaman hechizas, quizá porque provienen de fábricas muy pequeñas, trabajadas a un costo más barato y de material corriente. En suma, fáciles de manejar por los chavos".

Cuenta el comandante:

"Joel, el Abuelo, tenía nexos con el Vale, un gran distribuidor de mercancía robada. En sus inicios, el Vale fue secuestrador, después se volvió comprador en Tepito y organizó bandas para que robaran en diferentes partes de la ciudad y le entregaran el botín."

Joel es el mayor de tres hermanos. Se decía que de la noche a la mañana se había vuelto rico. Hablaban de un robo de efedrinas, incluso se mencionaban muertos. De un laboratorio se robaron unos tambos, asesinaron a los guardias, policías. Se asumía su autoría material.

Joel, el nuevo rico, inauguró dos antros que pronto cobraron fama. Uno sobre la carretera México-Puebla y el otro en Los Reyes, estado de México: "El Castillo del Abuelo" y "La Casa del Abuelo". Se aprecian del lado derecho de la autopista, a la altura de Chalco. Abrió también varios salones de fiesta en Iztapalapa. Joel movía su dinero, lo invertía.

Llevaba algún tiempo separado de su esposa. Procrearon una niña, ya de diecisiete, y un niño, hoy de seis años. Cierto día, levantaron a la señora, a la hija y al niño, que volvían de un paseo sabatino. El plagiario amenazó la integridad física de la esposa y los hijos de Joel, y dejó muy claro que conocía bien su estilo de vida y la forma como éste se había hecho de dinero.

El secuestrador le aconseja a su víctima: "No te hagas pendejo, yo sé muy bien que tú tienes dinero, que te pasaste de listo, que incluso debes unos muertitos y tú sabes muy bien dónde tienes el dinero. Así que, o me das

10 millones por tu familia, o no te los voy a devolver".

Ante las amenazas, que iban subiendo de tono y grado,

Joel denuncia el triple plagio ante la procuraduría.

La negociación verbal se prolongó un mes. Terminada la paciencia del plagiario, cortó dos dedos a la señora y se los envió a Joel.

—¿Dónde había dejado los dedos?

—En el perímetro de Iztapalapa. Ahí se forma un cuadro que va desde Canal de San Juan, Zaragoza, Ermita y otra vuelva hacia el perímetro de San Juan. Es un recorrido que se hace ahí en Iztapalapa. Ahí dejan dos dedos. Y siguen las negociaciones.

—¿Le avisó el esposo de la víctima que había dos dedos?

—Le dijeron: "Te voy a mandar un regalito para que veas que es cierto". De hecho, este secuestrador es lépero, obsceno. Llegó a decir que les iba a cortar la cabeza a la mujer y a los hijos y que mandara a la goma a los puercos de ahí.

—¿Los puercos son los policías?

—Los puercos son los policías. Pero la tragedia sigue. El secuestrador le advierte a Joel: "Te voy a mandar otros dos regalitos de la niña y luego otros dos de la mamá".

—¿Los mandó?

—Mandó en total seis dedos. Uno era de la niña y cinco de la mamá. En el momento en que le mutilaron el dedo a la niña, la mamá se opuso. Pide y suplica que se los corten a ella, pero que a su hija no la hagan sufrir más. A la niña le quitan un solo dedo, pero a la mamá le mutilan los cinco, incluyendo el dedo gordo. "Si te lo corto, ya no te va a servir tu mano, ¿eh?", le advierten. "No me importa, corta todos los de mis manos y mis pies, pero a mi niña no la toques." Y cortan los de la señora.

—Y Joel, ¿qué hace?

—Todos los días revalida su denuncia y el horror de los últimos días. Estaba al pendiente, apoyó a los judiciales en muchas situaciones. Todo lo que necesitaban, incluidos teléfonos, Joel lo conseguía. Lo que a nosotros nos retrasaba, también lo conseguía. Se puede decir que cincuenta por ciento de los avances de la investigación fue gracias a Joel y el otro cincuenta por ciento se nos atribuye a nosotros. Además, a algunos policías nos motivaba el hecho de tener hijos de las mismas edades que los plagiados.

Termina el comandante:

"A mí me ha tocado vivir cosas como éstas: me abraza un señor, siento la contención del papá cuando rescato a su hijo sin un dedo y le digo: 'Aquí está, jefe, no completo'. Y el señor me abraza con una emoción, con un sentimiento ahogado, con un llanto que quiere reprimir por su condición de padre. Eso me conmueve, me compensa de muchos sufrimientos, sacrificios que yo hago con mi familia. Para eso me pagan, ésa es mi pasión, lo sé.

"Mi esposa a veces no lo entiende, mi familia tampoco. '¿Por qué das tanto para allá y a tus hijos y tu familia nos tienes relegados?', reclama. Mi gente no lo entiende, pero esto es lo que me llena. Así quiero vivir. Va a llegar un momento en que ya no lo voy a poder hacer, tal vez me jubile, me pensione o termine muerto. Entonces ya no voy a sentir esa plenitud.

"Atrapar a un delincuente es mi obsesión. Hay uno que traigo en mente: tortura y mata. Lo tengo que agarrar y lo voy a lograr. O me muero en el intento".

—Cuando lo agarre, ¿me avisa?

—Si lo agarro, le aviso.

* * *

La revista *Semana*, de Colombia, publicó el 7 de mayo de 1990 un reportaje de Laura Restrepo titulado "La cultura de la muerte". En su trabajo, la ilustre periodista, testigo de calidad de las negociaciones de paz entre el gobierno colombiano y la guerrilla durante la presidencia de Belisario Betancur, da cuenta de un suceso estremecedor: niños y adolescentes involucrados en la guerra desatada por el auge del narcotráfico en el país.

Una primera información detallada sobre niños y muchachos que matan en Iztapalapa me lleva a reproducir los párrafos sobresalientes debidos a la escritora y sus colaboradores, Sylvia Duzán, Alonso Salazar e Ignacio Sánchez. Escribieron:

"Ante las abrumadores cifras de asesinatos anuales, los colombianos han olvidado que es posible morirse de viejo, entre una cama. Hace pocos días, el cardenal Alfonso López Trujillo hablaba de la incubación de una 'cultura de la muerte' en el país, que afecta toda la concepción de la vida, aun entre aquellos que no son criminales. Una forma colectiva de necrofilia que se encarniza, en particular con los niños y los adolescentes normalmente ajenos a la maquinaria de la guerra, pero que directa o indirectamente se convierten en piezas de ésta.

"No se trata ya del sicario profesional, sino del muchacho común, de extracción media baja y baja, que convive con los demás en la cuadra o en la escuela, que aún se prende a las faldas de la mamá y que es demasiado joven como para clasificar como sujeto penal. Que ni siquiera es el peor —el más malo, el más degenerado— sino muchas veces el mejor: por valiente, por carismático o por bello. Pero que ha adquirido un vicio rudo: le gusta matar.

"Los muertos que lleva encima le dan prestigio. No siempre puede cobrar dinero por ellos, pero le sirven para ganar liderazgo, enamorar mujeres y pisar duro. Sus únicos ídolos son Pablo Escobar y el arquero René Higuita, porque antes no eran nadie, y ahora son. El joven sicario ha matado a diez o doce: impone miedo y respeto, 'es alguien'. El precio de esta identidad es alto —morir antes de llegar a adulto—, pero está dispuesto a pagarlo".

Importa la biografía de los niños y adolescentes que da pie al reportaje de *Semana*:

"Empiezan en las esquinas, asaltando o cobrando peaje con cuchillos. Luego fabrican rudimentarias armas de fuego, como el changón, una escopeta de un solo tiro; el trabuco, también hecho de un solo tiro, hecho con un tubo y madera, o los petardos, con latas de cerveza, pólvora y clavos. Pasan a saquear casas y a robar automóviles, se enfrentan con otras pandillas por intromisiones territoriales. Después manejan motos y carros, consiguen armas tan sofisticadas como metralletas Mini-Uzi y se meten al negocio grande: matar por encargo. Ahí dejan de ser ladrones de poca monta y ascienden a sicarios. Ya no hacen cochinadas, como agandallarle un reloj a un vecino, sino 'trabajos'. Por último, si logran conectarse con la mafia o los paramilitares, pasan a ser parte del sindicato profesional".

⁂ ⁂ ⁂

Vuelvo al comandante, a quien debo el conocimiento del diálogo entre un plagiario sádico y una señora con la que negociaba un rescate. La víctima, sin control sobre sí misma, humillada, da cuenta de su ebriedad por el terror.

Así registra el suceso la grabación atroz:

—No junto tanto, señor.

—¡Quita el altavoz!

—Señor, por favor, yo no puse el altavoz.

—¿Qué tanto haces? Tanto puto movimiento con el teléfono.

—Nada señor, fue mi nerviosismo, señor.

—No hagas pendejadas, ¿cuánto me ofreces?, ¿cuánto vale para ti la mercancía que tengo?

—Para mí vale oro molido señor, entiéndamelo. Es mi hijo y me dolió, nada más.

—¿Cuánto me ofreces?

—Yo le suplico, en el nombre de Dios que nos está escuchando y que a usted también lo ama, que me dé tiempo. Nada más. Por favor.

—¿Cuánto me ofreces?

—Lo que yo más pueda, ahorita de momento, no lo sé.

—Dime un aproximado y yo ahorita valoro si te espero o no te espero. Lo que tú necesitas es que te motive.

—¡No señor, no señor, por piedad, no!

—Tranquilízate. ¿Te acuerdas qué te dije? Que yo tengo una caja de cartón con cositas adentro. Sólo te mandé un cachito. Te voy a mandar más.

—No señor, no señor.

—Escúchame: tú me dices cuánto vale para ti y cuántas ganas le pones para darme lo que yo quiero. ¿Te parece? Creo que con esto voy a ir llenando la cajita.

—¡Por su santa madre, no le haga nada a mi niño! Yo estoy haciendo todo lo posible. Señor, se lo juro. Recuerde que a usted Jesucristo lo ama, que usted es hijo de Dios.

—Todos somos hijos de Dios, no lo metas en esto. No quiero que vuelvas a decir esto ni que lo metas en esta plática, ¿estamos de acuerdo?

—Sí señor.

—Escúchame esto bien claro: quiero que me ofrezcas algo considerable. Quiero que lo que yo te mande dé alas... Se lo vas a volver a poner. Es una persona muy joven todavía, puede volver a...

—No, por favor, no le haga nada a mi niño.

—Tranquilízate, no me sirve de nada que me digas que no le haga nada. Las decisiones las tomo yo. Es una persona joven y todavía puede resistir varias cirugías, ¿estamos de acuerdo? Ya le pegarás lo que te mande.

—No señor, por favor, ¡tenga piedad!

—Una cantidad considerable. Tienes tres horas para resolver.

Voz inaudible.

—Y quiero que estés todo el tiempo haciendo todos los movimientos. A partir de mañana, desde las seis de la mañana, no quiero que te muevas. Quiero que estés en tu domicilio. Desde ahí lo vas hacer, hasta que recibas indicaciones mías. No te mueves, ¿estamos de acuerdo? Cambio y fuera.

—Dios lo bendiga, señor.

* * *

Escuché una segunda grabación. El "sí señor, sí señor" de la víctima se inscribe en la abyección. El poder del victimario alcanzaba a Dios:

—Bueno…

—¿Qué pasó?, soy el Terrojo, hija.

—No tengo nada señor.

—Sigues necia, vamos a jugar. Escúchame: ya te dije que vas a pagar. Escúchame: cada vez que yo te hable ya no voy a ser el Terrojo; ¿estamos de acuerdo? Eso ya no tiene validez alguna.

—Ok.

—Si alguien te habla así, no tiene validez alguna.

—Te voy a decir que soy el de la prepa. Solamente así me vas a contestar, con esa clave, si cometes algún error de contestar sin esa clave, vamos a tener problemas, pendeja.

—Sí señor.

—Solamente cuando yo te hable y te diga "soy el de la prepa cinco", hasta entonces me vas a decir de los números, cuánto tienes. ¿De acuerdo? Si no te digo la frase completa, no me vas a decir lo de los números, ¿estamos de acuerdo?

—Sí señor.

—Quiero para mañana un aparato nuevo, un celular nuevo, voy a checar tu número, tiene que ser nuevo, ¿de acuerdo?

—Sí señor.

—De la línea de Telcel, ¿zas? Lo quiero nuevo.

—Sí señor.

—Quiero que exactamente salgas de tu casa a comprarlo nuevo, si te sales antes te voy hacer saber que no están funcionando las cosas y te estás pasando de lista.

—Está bien, señor.

—Quiero que exactamente salgas a comprarlo a las once treinta y regreses a las doce. Tienes exactamente treinta minutos, ¿estamos?

—Señor, sólo una cosa: quiero saber si mi hijo está bien.

—¿Si está vivo? Sí, todavía está vivo. ¿Quieres preguntarle algo?

—Dígale que lo amo, por favor.

—¿Qué más? ¿Quieres hacerle una pregunta? Yo te la contestaré.

—¿Cómo sigue de su gripa? Estaba muy malo.

—Yo le pregunto a él, ¿te parece?

—Sí señor.

MIGRANTES

En nuestra frontera sur y camino a los Estados Unidos, un aire envenenado traslada la memoria a escenarios propios de los campos de concentración. Testimonios inapelables de los migrantes centroamericanos y aun sudamericanos dan cuenta de la tragedia.

De septiembre del 2008 a febrero del 2009, la Comisión Nacional de los Derechos Humanos registró ciento noventa y ocho casos que incluyen nueve mil setecientos cincuenta y ocho secuestros. La cifra podría llegar a veinte mil al año. A los migrantes los explotan las bandas de los Zetas, los Maras, los polleros. Cierran el cerco los policías municipales, los estatales, los patrulleros y un avispero de malhechores protegidos por placas y disfrazados con las ropas y los modos del poder.

Las casas de seguridad son tugurios, y la comida, tortillas frijoles y arroz una vez al día, si acaso, es pestilente. Nadie podría decir cuántas mujeres son lanzadas a la sodomía, vendidas a quien pague por ellas.

Mauricio Farah Gebara, quinto visitador general de la Comisión Nacional de los Derechos Humanos, y Alejandro Hernández García, su colaborador, me facilitaron el acceso a los testimonios videograbados que dan cuenta de este inmenso horror:

Dos hermanos hondureños arribaron a la terminal de camiones en Tapachula. El sujeto que los conducía los recomendó con dos, a los que les dijo que había que darles una tarifa especial.

A golpes, junto con veinte personas más, los hermanos fueron trasladados a Arriaga. Ahí los subieron a un vagón de tren, y cuando éste se puso en marcha, tres tipos con apariencia de migrantes sacaron sus armas.

Llegando a San Luis condujeron al grupo a bordo de camionetas, por una brecha hasta un rancho, en el que había cincuenta migrantes más y muchos hombres armados. Éstos les dijeron que sólo mediante el pago de 2 mil 500 dólares saldrían de ahí.

"Me pusieron una pistola en la sien y me obligaron a hablar con mis familiares", dijo uno de los hermanos. "Después de la llamada, todo se puso muy feo. Nos golpeaban y nos hacían arrodillarnos por horas, nos desnudaban por las noches, dormíamos en el piso. Un día nos dijeron que habían matado al Morado, un compañero que no pagaba. Ya no lo volvimos a ver."

* * *

Un salvadoreño relata que para abordar el tren carguero había que pagar 300 pesos al maquinista. "El vagón iba lleno, casi no se podía respirar. Íbamos de pie y a veces nos pisábamos, pero nadie peleaba. Cuando el tren se detuvo, fuimos obligados a bajar. Hombres armados y encapuchados vigilaban un descenso ordenado. Preguntaban si teníamos parientes en los Estados Unidos. La mayoría contestó que sí. A ellos los volvieron a subir al vagón. Los demás fueron abandonados en campo abierto.

"Nos llevaron a un galpón. Fui elegido al azar, me recibieron a palos, como advertencia para los demás. Ahí me comunicaron con mis tíos de San Antonio. Al hacer las llamadas me golpeaban para que ellos escucharan. Les pedían 3 mil dólares. En tanto los mandaban yo tenía que limpiar un patio inmundo. Era el lugar para que hiciéramos nuestras necesidades. Me daban una cubeta y una escoba, pero la suciedad no se iba. Nada más la amontonaba en la alcantarilla."

* * *

Levantado en Tierra Blanca con doce migrantes más, un colombiano fue vendado de los ojos, atado, amordazado y arrojado a punta de pistola en una camioneta roja.

"Sentí mucho miedo, pues oía las golpizas que propinaban a mis compañeros que se quejaban. Llegó mi turno. Sangrábamos mientras escuchábamos que nada éramos, jodidos, quién se preocuparía por nosotros.

"En el piso inundado de una casa, jalaron hacia el frente a un niño de doce años. Golpearon su cuerpo frágil con una tabla hasta que el niño perdió el conocimiento. 'Así los vamos a madrear a todos. Así que convenzan a sus carnales para que nos depositen los 2 mil 500 verdes en chinga'."

* * *

Un grupo formado por una joven, su hermano, su primo y un amigo de los tres, fue levantado junto a las vías de tren de Ixtepec, Oaxaca. Los condujeron a una bodega en un pueblo que no pudieron identificar.

"Hacía mucho calor. Pasamos dos días sin pan o agua. Al tercero nos ofrecieron un caldo. Éramos muchos." Se llevaban a algunos y luego los cambiaban por otros hasta que se llevaron a la muchacha:

"Llamaron a mi papá. Yo lloraba porque me apretaban los brazos con fuerza y me pisaban para que mi papá se percatara. Le pidieron un depósito bancario de mil 500 dólares y le dieron un número de cuenta.

"Después llegó el Caimán. Me aseguró que sería su mujer. Por la noche me llevó a un cuarto arrastrándome de los cabellos. Me violó mientras decía: 'Yo voy a ser tu papi mientras el cabrón de tu padre me manda el dinero'".

* * *

Un niño guatemalteco de trece años relató su secuestro y el de su tío. Sucedió en Balancán, Tabasco. Dormían al aire libre en una zona despoblada, cuando aparecieron los delincuentes con sus promesas de traslado ahora, pago después. Los subieron en un camión de redilas, repleto de migrantes. Viajaron cuatro días hasta llegar a un almacén en Monterrey. Desde ahí se hacían las llamadas.

"A mi tío y otras personas los golpeaban con bates de beisbol en las nalgas por pura diversión. Lo harían a diario hasta que recibieran su pago. A mi tío le pegaron un día en la cabeza. Sangró muchísimo y para su curación sólo me dieron unos trapos sucios. Había unas señoras a las que golpeaban también. Todo el tiempo hablaban de escapar. Las dejaban desnudas. A una la golpearon enfrente de todos porque cerraba las piernas y mordía."

* * *

Un hondureño relató, sin dar detalles, que en Coatzacoalcos, Veracruz, fue detenido por agentes de migración que lo vendieron a los Zetas.

Los Zetas lo llevaron a un cobertizo, desde donde lo comunicaron con su hermano en Illinois. En tanto llegaba el dinero, le ponían una pistola en la sien y jalaban el gatillo. Ignoraba si el arma estaba cargada.

Lo dejaron en libertad, garantizado el pago, tras practicar sexo oral al secuestrador.

* * *

Una menor, nacional de Honduras, fue secuestrada en compañía de ciento treinta personas. Esposados, eran golpeados con gruesas cadenas y amenazados con armas de fuego. Su papá vomitaba sangre y se desmayaba después de las golpizas.

El rescate solicitado para este grupo de personas fue de 900 dólares. Como muchos de sus familiares no pudieron cubrirlos, los mantenían en cautiverio durante tres meses. Luego, a los que permanecieran vivos, los dejaban en libertad.

Otro hondureño narró su secuestro junto con ochenta migrantes. Se los llevó un grupo de siete sujetos armados que se hicieron pasar por coyotes. Los condujeron hasta Reynosa en un camión de redilas escoltado por una patrulla. Querían 3 mil 500 dólares de rescate por cada uno. De lo contrario, les extraerían sus órganos para completar el dinero. Sus familiares pagaron, mas no lo soltaron. Tuvo que escaparse después de treinta y tres días de cautiverio en una bodega donde permanecían en condiciones insalubres. Asimismo, presenció la muerte por golpes de varias personas, con una tabla y con armas de fuego. Agregó que en la bodega había hombres, mujeres, niños, ancianos, mujeres embarazadas y enfermos.

Un hondureño más fue secuestrado junto con doscientos migrantes, centroamericanos y brasileños. Estuvo preso cincuenta y dos días, al cabo de los cuales fue puesto en libertad cerca de la Casa del Migrante en Reynosa, Tamaulipas.

Una mujer originaria de Honduras fue trasladada a un granero en donde había cuatrocientas personas secuestradas, en espera de que sus familias enviaran los 3 mil 500 dólares exigidos por el comando armado que los privó de su libertad.

* * *

Los ciento treinta migrantes guatemaltecos que fueron levantados por doce personas que usaban máscaras y uniformes militares en Tenosique, Tabasco, no tuvieron suerte. Sus plagiarios exigieron 7 mil dólares por persona. Fueron pocos los que pudieron pagar. Eran amenazados continuamente con una sierra, taladros y cuchillos.

"Allí nos tuvieron encerrados en la casa. Casi un mes. No nos daban comunicación ni con los familiares ni con nadie. Después de un mes nos dicen: 'Les vamos a dar las llamadas para que ustedes llamen a sus familiares y les digan cuánto les cobramos'. A nosotros nos dijeron: 'Si no pagan 7 mil dólares, se les llama a los familiares para que los escuchen hablar por última vez'.

"Cuando llegamos a Coatzacoalcos, nos dijeron: 'Bienvenidos al infierno'.

"Si tú no le decías a tu familiar que te maltrataban, ahí te rompían la cabeza."

—¿Qué le hicieron cuando usted estaba hablando por teléfono?

—Me golpeaban, me daban cachetadas. Ahí matan gente, delante de todos matan. Ahí, en esa casa, el otro día mataron como a cinco.

—¿Usted vio que mataron a cinco?

—Sí.

—¿Cómo los mataron?

—Los mataron a puro golpe.

✳ ✳ ✳

—¿Cuánto vale un rescate? —le pregunté a Mauricio Farah Gebara.

—En promedio, 2 mil 500 dólares. Pero a veces basta con 100 —repuso.

Lo escucho:

"Algunos agentes del Instituto Nacional de Migración, junto con policías municipales, estatales y federales, más el ministerio público, administran el delito y la impunidad.

"Los números de las víctimas crecen, más allá de las denuncias categóricas que hemos formulado públicamente y de las instancias elevadas a las máximas autoridades del país.

"Nuestra frontera sur está teñida de rojo".

—¿Qué es administrar el delito? —pregunto al quinto visitador de la Comisión Nacional de los Derechos Humanos.

—Inmovilizar la ley. Que el delito corra.

Índice onomástico

Secuestrados, de Julio Scherer García
se terminó de imprimir en enero de 2010 en
Worldcolor Querétaro, S.A. de C.V.
Fracc. Agro Industrial La Cruz
El Marqués, Querétaro
México